书的故事

[苏]伊林 著　　胡愈之 译

三联书店

图书在版编目（CIP）数据

书的故事／（苏）伊林著；胡愈之译. —北京：
生活·读书·新知三联书店，2021.1（2021.11 重印）
（图书馆精选文丛）
ISBN 978 − 7 − 108 − 06995 − 5

Ⅰ.①书…　Ⅱ.①伊…②胡…　Ⅲ.①图书史 − 世界 − 通俗读物
Ⅳ.① G256.1-49

中国版本图书馆 CIP 数据核字（2020）第 219543 号

责任编辑　王海燕
装帧设计　刘　洋
责任印制　董　欢
出版发行　**生活·讀書·新知** 三联书店
　　　　　（北京市东城区美术馆东街 22 号　100010）
网　　址　www.sdxjpc.com
经　　销　新华书店
印　　刷　河北松源印刷有限公司
版　　次　2021 年 1 月北京第 1 版
　　　　　2021 年 11 月北京第 2 次印刷
开　　本　880 毫米 × 1230 毫米　1/32　印张 4.375
字　　数　74 千字
印　　数　6,001 − 9,000 册
定　　价　21.00 元
（印装查询：01064002715；邮购查询：01084010542）

　　这是一本关于书的科普读物，主要介绍文字产生与书籍演变的历史，同时也是人类记载和传播知识、信息手段的发展史。作者用轻松简易的语言对类似百科书中的词条进行阐释，或以一则小故事引出主题，或在知识的介绍中间穿插相关的故事。全书分为"上篇"和"下篇"两部分。"上篇"讲述文字从无到有的发展历程。作者从口口相传的神话传说讲起，到结绳记事，再到各种物品、图画和符号的运用，直至讲到文字的出现及其演变。"下篇"讲述书的载体、书写工具以及书籍制作的演变过程。人们最早尝试在石头、黄铜、砖石上刻字，再发展为书写于芦叶、蜡版、羊皮之上，直到真正纸张的发明。随着不同载体的出现，人们书写所用的"笔"和"墨"也在不断变化。书籍的制作最终由大型印刷机代替了人工誊录，而印刷术的发展带来了纸张的改良。

　　书中涉及的译名多与当下的规范译名不一致，但原书多在译名后附注有外文原文，故此次出版未将译者原用译名进行修改，请读者参看外文原文加以辨识。本书原版为俄文版，后被翻译成英文本，随之出现了董纯才、张允和的两个英译中文本和胡愈之的法译中文本。经与俄文原版比照，此译本更忠实于原书。

本书由上海生活书店初版于1936年12月；上海生活·读书·新知三联书店于1950年6月印行第一版，同年11月被列为"新中国少年文库"之一种，又出了第二版。2012年，生活·读书·新知三联书店将此书收入《三联经典文库》第一辑中，以1950年11月版为底本，重新出版发行。

作者伊林（1896-1953），前苏联科普作家、工程师、儿童文学作家。主要作品有《十万个为什么》、《不夜天》、《人怎样变成巨人》等。

译者胡愈之（1896-1986），原名学愚，字子如，笔名胡芋之、化鲁、沙平、伏生、说难等。浙江上虞人。生活书店创办者之一。1933年加入中国共产党。1949年后历任《光明日报》总编辑、国家出版总署署长、全国政协副主席、全国人大副委员长等职。集记者、编辑、写作、翻译、出版于一身，著作结集为《胡愈之文集》。

生活·讀書·新知 三联书店编辑部

目　录

上 篇

第一章　活的书

世界上开头第一本书，是什么样子的呢？

是印刷的还是手抄的呢？是用纸做成的，还是用旁的东西做成的呢？如果现在还存在着这样一本书，那么在哪一家图书馆里才找得到呢？

据说从前有过一个好事的人，他想在全世界每家图书馆里，去找寻这第一本书。他整年整月钻在上了年纪的黄烂的，虫蚀的旧书堆里过日子。他的衣服和鞋子上面，堆满了厚厚的一层灰尘，不知道的人，还当他是刚才从沙漠里长途旅行了回来。临了儿，他是从一家图书馆书架子前面一条长梯子上面跌下来死了。但是就算他能再活上一百岁也休想达到了他的原来目的。因为世界上开头第一本书，在他出世以前几千年，早就变成泥土，埋没在地底下了。

　　这世界上第一本书，一点不像现在我们所有的书。这第一本书是有手有脚的。它并不放在书架子上面。它能说话，也能唱歌。总之，这是一本活的书：这就是人。

　　原来在那时候，人们还不懂得读书写字。在那时既没有书，也没有纸，更没有墨和笔。那时候，一切先代的故事，法律和信仰，并不是保藏在书架子上面，而是从人们的记忆中遗留下来的。

　　人们死了，故事还是存留着，从父亲传到儿子，一代一代地留传下去。可是从一只耳朵传到另一只耳朵，历史就会变了些样子。一部分是忘掉了，一部分是后来穿插了进去。时间把历史磨光正像河水磨光两岸的石块儿一样。譬如一个勇敢的战士的传说，后来就附会成一个巨人的故事：这巨人不怕箭，不怕枪，能够像狼一般地在林中跑，像鹰一般地在天上飞。

　　在我们这个时代，僻远的地方，还有些老头子，老婆子，爱讲一些故事，这些故事，在一切写下的书本里，都不曾留下影踪。这些故事一般就叫做传说或神话。

　　在很久以前，希腊人有一个习惯，爱唱《伊里雅德》（*Iliad*）和《阿提舍》（*Odyssey*）这两首诗歌。这诗歌说的是希腊人和德罗阳人战争的故事。这样地，人们一径听着唱这故事，直到了几世纪之后，才用文字写下来。

唱这些诗歌的人，希腊人就称作"阿德"（Aëde）。每逢宴会的时候，阿德是最受人欢迎的。

阿德首先是靠住一根圆柱坐着。头上挂着他的竖琴。宴会快要完毕的时候，大盘的肉都吃空了，满篮的面包也光了。人们取出双柄的金杯子，放在桌上。客人们重新坐好位子，等待着音乐的演奏。

这时候，阿德才一手捧着竖琴，一手弹着琴弦，开始唱着长篇的故事，又是狡猾的乌里斯（Ulysses）啊，又是骁勇善战的阿葛里（Achilles）啊。

阿德的歌是很悦耳的。可是总没有我们的书那样便当。因

希腊歌者

为现在我们只要花上几毛钱，就能买到一本《伊里雅德》，而且可以放在袋子里。这书不会要求什么。它既不要吃，又不要喝，从不会害病，更不会死亡，那是多么方便啊！

因此我想起一个故事来了。

关于活图书馆的故事

从前在罗马有过一个有钱的商人，叫做伊台里厄斯（Itellius）。说起他的财富，多得几乎难以叫人相信。他有一所挺大的住宅，可以容得下罗马全城的居民。每天他吃饭的时候，一定有三百个客人在一起。这三百个客人，一个个都是从最有声望最有才学的罗马公民中挑选出来的。

他的吃饭的台子，也不止一张。他有三十张吃饭的台子。每一张台子都铺上了金线绣成的讲究的台毯。

他用了最精致的食品款待客人。在那时候，有一个风气，就是款待客人，除了讲究的食品之外，还要有最高雅最愉快的谈话。

但是伊台里厄斯所缺少的，就只是教育。他不大懂得读书，所以那些乐意接受他的邀请的客人，暗中都在笑着他。

因此他在席上几乎没法子和客人谈些高雅的话儿。有时勉强谈了一些话，他就看出来，客人都在尽力忍着笑在听他。

这事情使他很难受。可是他生性太懒了，不能埋头在书本上用工夫，他也没有刻苦用功的习惯。伊台里厄斯为了这事，想了好久好久，这才想出一个办法来。

他就命令他的管家，从他的大批奴隶中间，挑选出两百个挺聪明挺有教养的，每一个人都指定了一本书，例如《伊里雅德》，《阿提舍》等等，叫他们各自用功读熟了。

这件事对于管家，可不是十分好办。他费了许多力，督促责罚着那些挑选出来的两百个奴隶们，才算达到了他的主子的愿望。

这样，伊台里厄斯算是有了一个活的图书馆了。这在他是多么快活啊！

于是每天席上，到了和客人谈话的时候，他只消向管家做一个手势，就有一大群奴隶靠着壁肃静地站着。伊台里厄斯要念哪一本书的哪一节，就有一个奴隶出来，照样背诵，一个字也没错。这些奴隶，就用他们各自所记熟的书当做名字，例如有一个叫阿提舍，另一个叫伊里雅德，又一个叫爱纳伊德……

伊台里厄斯这才称心如意了。整个罗马城都谈到他的活图

伊台里厄斯和他的活图书馆

书馆。这样的事情人们从没有见过哩。可是这却不能过得久长。终于有一天，出了一个岔子，满城的人们都当做笑话来讲了。

在晚餐以后，主人和客人照平常那样谈说着文学故事，谈谈这个，谈谈那个。正谈起了一个古人。伊台里厄斯就向管家做一个手势，说道：

"我知道在《伊里雅德》那诗中有这样的一节……"

可是那管家却跪在地上，用颤抖的声音带着恐惧说：

"对不起，老爷，伊里雅德今天害着胃病了。"

这可并不是笑话。人类用着活书，倒有二千年之久哩。就算到了如今，满地都是图书馆，可是人们还是不能够完全抛弃活的书哩。

因为假如什么事情都可以从书本子上面学得，那么人们就用不到再进学校了。也再不用活的教师来讲解和说明了。

你不能够对着一本书发问。可是教师呢，你问什么，他就回答你什么；你要他重复地说几遍，他就重复地说几遍。一切他都随我们的便的。

除了活的书以外，还有活的报纸哩！那比之于印刷的报纸是多么有趣，多么有益啊！在戏院子里看着演戏，总比从书上面念那脚本更有意思得多啊。

反过来说，假如活的书始终对我们有用处，那么活的信札，就完全不是这样了。

在古时光，人们还不懂写字，那时候自然更不会有邮政局。假如有人要传递一个重要消息，就得派一个"报信人"把要传递的话，叫他一个字一

个字地传达到对方去。

假如现在我们仍旧用报信人，不用邮差，那会变成怎样呢？自然，我们很不容易找到一个报信人，有这么好的记忆力，每天能够记住几百封信。就算是找得到，也断不会有什么好结果。

比方说，张三正在做生日，一个报信人忽然到了他家里。

张三当是客人来了，亲自去开了门。

"什么贵事？"

"我有一封信送给你，信上面说的是：

"亲爱的张三先生：

"恭祝吉庆，你结过婚很久了吗？请你今天正午到地方法院去谈一下，盼望你能够时常来看我们……"

张三只好张大着口，不知道究竟是怎么一回事。但是你要知道，这可怜的报信人，头脑里装着几百封信，和机器一样地一封一封地传报，这机器的轴轮出了毛病，怎免得了不把给李四的信掺和在给张三的信里呢？

第二章　备忘录

　　我认识一个老头子，是一个挺勇敢肯干事的人。有了八十岁的年纪的人，像这样子，可以说是很少见的。他的两眼，还是灼灼有光，两颊是玫瑰色的。走起路来像少年人一般地矫健。

　　一切都不坏，只是记忆力就差一些了。当他刚跨出门的时候，他已经忘记出去是干什么的。他永不能记住别人的姓名。虽然我和他相识已是很久了，可是他老是用别人的姓名称呼我。

　　要是你托他办一件事，他必须三翻四覆地问你究竟叫他干什么。这样还怕靠不住，他就在他的手帕上打一个结。他的手帕，老是打上了五个六个结。这样对于这位可怜的老人，也还是没有用处。因为他从口袋里掏出了那块手帕的时候，他已经记不起每一个结是指着什么事了。不错，这老头子的记忆力太不行了。但是就算全世界记忆最强的人吧，假如用这种妙法，当做了书，他能够懂得半句吗？

可是我们那位老头子要是另外用一种方法打结头，比方打着各式各样的结头，每一种结头代表着一个字母，或者一个字；那事情就两样了。不管谁，只要懂得这记号，就能够解释这"备忘录"是指什么。

实际上，在人类开始懂得文字以前，已用结头代替文字了。在中国，没有文字以前，是用结绳代文字的。鞑靼人，波斯人，墨西哥人，秘鲁人都懂得用结头做文字，秘鲁人所用的结头文字，更其来得巧妙。便在现时，秘鲁的牧牛人，也还能够懂得结头打成的文字。

这文字并不用手帕，却是用一条极粗的绳子，上面挂满粗细长短不同的各种颜色的小绳子。看上去和旧式女人衣服上的流苏一般。

这些小绳子上面都可以打结。结头和大绳子越近，表示事情越重要。一个黑色的结头是指死亡，白色的结头是指财富和和平，红色的结头指战争，黄色的结头指金子，而绿色的结头

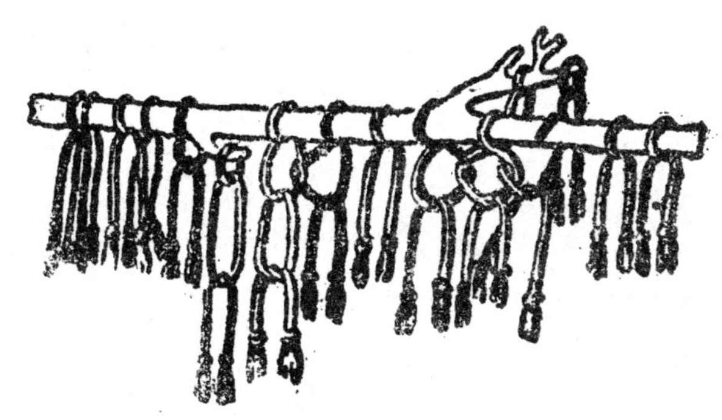

一封绳子结成的信

指面包。

另外有不染颜色的结头，那是指数目：单结是指十位，双结指百位，三个结头是指千位。

读这样的结头信，不是一件容易的事。那条总绳有多么粗细，以及每个结头怎样打法，打在什么地方，都有着各别不同的意义。

秘鲁的小孩子，都应当学会一种 kwipa，就是"结头字母"，和我们的小孩子学 ABC 一样。

另外一些印第安人，例如呼龙人（Hurons）和伊里克人（Iroquois），却不用结头，而用五色的贝壳当做文字。他们把贝壳切成一个光滑的小片，用一根粗绳子串成一副带，这样就可以用做通信的记号。在这里黑色也一样是凶兆，指着死亡，

不幸或一种威胁。白色是指和平。黄色指金子或纳贡。红色指战争或危险。

直到我们这时候，这些颜色依然保存着原始的意义。白旗表示和平。丧礼用黑色，而红色象征革命反叛。

至于海上的船舶，却有他们自己的文字。他们用桅杆上的旗号来当做通信，这是至今还是通行的。

还有铁路上用的红绿旗，这不是古代的颜色信号遗传到如今的一个证据吗？

各种颜色的贝壳所指示的意义，要完全懂得，也不是一件容易的事。印第安人的部落酋长，都有着整袋的颜色贝壳保存着。每年总有两次，那些年轻的伊里克人在森林中一个指定的地方会集拢来，由那些老年人，口授各种小贝壳的神秘。

每次，一个印第安部落送信给另一个部落的时候，送信人一定在腰间系着一根颜色的贝壳串成的带，印第安人称这带叫做"篷班"（Wampum）。

送信人到了别的部落里，就解开了五色斑斓的篷班，说道：

“酋长，听着罢。”

他每说一个字，就用手指着一个贝壳。假如不经过送信人的解释，单是篷班，是难以叫人懂得的。

比方说，四个贝壳串在一条绳上：一个是白的，一个是黄的，一个是红的，另一个是黑的。这封信的意思就是说：

“我们要和你们订结同盟，假如你们愿意向我们纳贡的话；但是你们如果不纳贡，我们就向你们开战，我们要杀尽你们全个部落。”

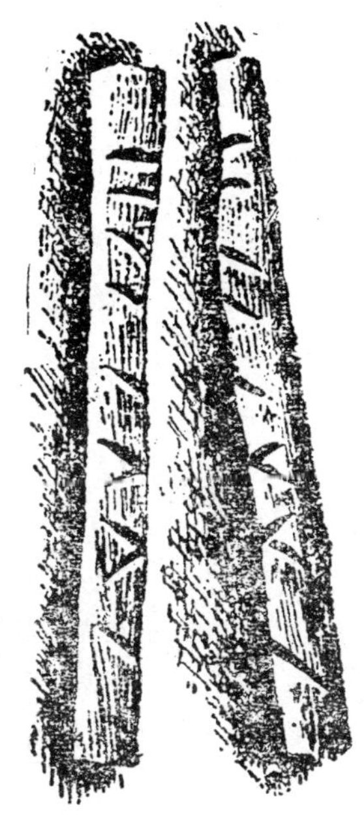

但是这信也可以有完全不同的解释，譬如说：

“我们向你们求和，我们打算献金子给你们。假如战争再继续下去，我们的人全死光了。”

为了避免发生这样的错误，每个发信的印第安人，必须亲自把篷班交给了送信人，而且当面高声地念过一遍。送信人必须一个个字牢记着，亲自把这信送到对方。要是中途换一个送信人，那就不行了。

此外还有许多相类的备忘的方法。例如要记下牧场上面的羊的只数，或者仓库里面的麦粉的袋数，人们往往用一根木棒，在上面刻着横纹，代表数目。在现代，塞尔维亚的农民，也还是用了木棒，在上面刻着横纹，来当做收据或发票。

比方一个农民向麦商那里赊买四袋半麦粉，他并不写收条，他只用一根木棒，上面刻着四条长线，一条短线，这样就懂得是四袋半麦粉了。随后他把这木棒对半劈开，一半交给麦商，一半他自己保存。

到了要还款的时候，麦商取出那半边木棒，和农民所保存的半边拼合起来，就知道农民应该还多少款，一点也不会有弊窦。

木棒上刻线纹，也可以记日子。鲁滨逊漂流在荒岛上面，就用着这样的古怪的历本哩。

第三章　东西说话

　　这已经必须是很乖巧的人，才能懂得结头和贝壳所指示的意义，可是据我们所知道，还有别的更简单的方法，一样地可以记录事情，可以传达音信。

　　假如一个部落要向旁的部落宣战，它只消送给对方一根矛枪或者一支箭就得了。因为接到了这样一份有血腥气的礼物，谁都会明白是什么意义了。但如果是要讲和，那么照例是送烟叶子和一根烟筒儿。在印第安人中间，烟筒和烟叶子是象征和平的。当他们谈判议和条件的时候，各部落的酋长们围坐在一堆野火的四周。其中一个酋长开始燃着烟筒，吸了一口，递给旁边的一个，旁边的一个吸了一口，又轮流递过去，大家都吸了一口，这样和议就开始了。

　　在没有懂得写字之前，人们老是用各种各样的东西代表文

一封讲和的信

字。从前俄罗斯南部有一个民族叫斯西德人（Scythes）。有一天，斯西德人送一封信给波斯人，这封信不是用文字写的，原来只是几件东西：一只鸟儿，一匹鼠儿，一匹青蛙儿，和五支箭。

这封古怪的信，说的是下面这些话：

"波斯人啊！你们会像鸟儿那样地高飞吗？你们会像鼠儿那样地钻到地底下去吗？你们会像青蛙儿那样地在田野上面跳来跳去吗？要是你们都不会，那么就休想和我们打仗。你们的脚一踏进我们的领土的时候，你们就会给我们的箭一个个都射死了。"

这和我们现在的通信方法比较一下，相差的多远啊！假如有一天，邮差送你一个包裹，你打开看时，并不是什么礼物，却是一匹死掉的青蛙儿或者别的相类的东西，那你会有什么感想呢？

一封古代波斯的信

你会当做有人故意恶作剧，却不知道这一点不是开玩笑，而是一封很重要的信哩！

但是从"东西说话"到了"纸头说话"，这中间是要经过一段很长很远的途程哩。

经过一个很长的时间，人们都是靠了东西来传达情意的。

一根烟筒指着和平，一根矛枪指着战争，而一张张开的弓是指着进攻。

从"东西说话"到了我们的"纸头说话"，这中间相隔着几千年哩！

第四章　画图的文字

从前时候，有着很多的通信和传递消息的方法。但是像现在我们所用的方法——用字母拼成字，用字写成文——却还没有。

人们怎样学会了用文字呢？

这可不是一下子就学会了的！

开头儿，人们用画图来代替写字。比方表示"鹿"这个字，就画上一头鹿，表示"猎"这个字，就画上一个猎人和一些野兽。

原来人类懂得画图，已经是很久很久了。在古时候，长毛的巨象和北方的特种的野鹿，成群结队，出没于现在伦敦、巴黎所在的地方，那时人们还住在洞

子里面，已经懂得在洞子壁上刻画着各种各样的图画了。

这些人们全是猎人。因此他们所描绘的全是野兽和打猎时的情状。他们却都能画得惟妙惟肖。古时候，有很多的兽类，现在早已绝迹了，但是因为留下了这些画像，使我们还能想象出古代巨兽的模样。

有的画着一头野牛，侧着头向那追逐他的猎人。过去一点，是一匹巨象。也有的画着一队野鹿，见了猎人追来，慌乱地奔窜。

在法国和西班牙史前时代的洞子里，时常发现那类的图画。

这些图画说的是什么意思呢？

　　这些大半可以代表史前时代人类的信仰，正和后来的印第安人一样，那些穴居时代的欧洲人，都相信他们是野兽的后裔。印第安人的部落，有的名叫"野牛"，就因为相信他们自己是野牛的子孙，有的名叫"狼"，就因为他们相信狼是他们的祖宗。

　　同样地，欧洲穴居的人们，在洞底里刻画着的兽类，代表着他们想象中的祖先，也就是他们的部落的保护者。

　　但是还有旁的样子不同的图画哩。比方画着一头野牛，身上穿过一根矛枪，画着一头鹿，身上中了几支箭。在洞子里画上这些又是什么意思呢？这是一种镇压术。想借这些画图，镇压各种的猛兽，叫它们不敢侵入冬天人们蛰居的洞子里。原来原始部落，往往有很多的魔法：比方要征服敌人，就先在洞里画出敌人受伤的模样，满身中着箭或枪。

　　现在我们离开史前时代，已经有好几千年了。史前时代的人类，从地底所发掘的骷髅看起来，与其说是像一个人，还不如说是像猴子。他们和我们相离得很远很远了。

　　要不是有这些图画遗留在洞子壁上面，我们就不会知道这些原始的人们思想些什么，信仰些什么。

　　自然，这些图画还不能算是代表文字的。而且也不是用图画记录历史。不过这相差就已经不多了。

这里就是一幅画成图的历史。这是刻在美洲塞贝里阿湖（Lake Superior）旁的石壁上面的。

这一幅图画并不难解释。

这就是说：五条长的独木船，上面乘坐着五十一个印第安人，渡过了塞贝里阿湖。骑马的人是酋长，此外乌龟、鹰、蛇，以及别的兽类代表各部落的姓氏。这次渡湖，一共费了三日三夜的时间。因为上面画着三个太阳，太阳上面三个弧线，就是代表天。

一位英国的老著作家，曾经在他的书里，讲过下面的一段故事，在这段故事里，这类的图画有着一个重要的关键。

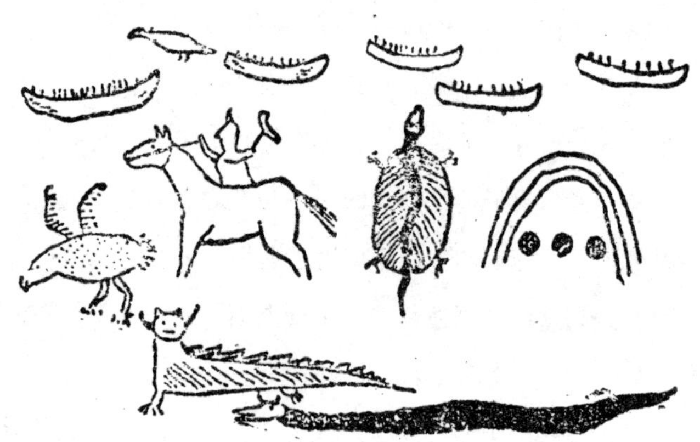

一个失踪的探险队的故事

那位船主开始说道：

"这是一八三七年的事。那时我还很年轻。我在航行密失失比河（Mississippi）的'乔治·华盛顿号'上做事。这'乔治·华盛顿号'后来因为汽锅炸裂沉没了。

"有一天，在新阿雷翁（Novelle Orléans）地方，有一群旅客，上了我们的船。这是一个探险队，到森林和沼泽中间去探测的。这些森林和沼泽现在都已没有影踪了。

"这些探险队的队员，一个个都年轻，热烈，除掉了他们的队长。那队长已经上了年纪了。他是探险队中唯一正经的人。他不爱开玩笑，整天只坐在壁角，在日记本上写笔记。一看就知道他是受过教育的人。此外呢，尤其是那些护送探险队的兵士，却只爱笑和喝酒。

"到了探险队登岸之后，我们这船上立刻就觉得冷清清空洞洞的那样。起初我们还时常谈到这一些探险家；日子久了，我们也渐渐忘怀了。

"过了三四个月后——或者还要久些，我现在已记不起来了——我在别的一条船上，'梅都斯号'上做工。

"有一天，船上有一位客人，是一个灰色头发的老头子，向我问道：

"'你是不是就是约翰·克魄斯啊？'

"'是啊。先生。这就是我。'

"'我听说你曾经是'乔治·华盛顿号'的船员，是不是？'

"'是的。但是这和你又有什么相干呢？'

"'那就好哩。'他回答道，'我的儿子汤姆曾经坐过那条船跟着探险队在一起。他和所有探险队的人员后来全失踪了。到处都找遍，可是至今还不曾找到。现在我自己去找寻。无疑地，我的儿子一定会害了病了。'

"我瞧着那老人，很替他难过。走到这些森林里面去，很容易害热症，而且也会给印第安人杀死。于是我就问他道：

"'怎么，你独自去那里吗？'

"'不，'他回答道，'我愿意有人陪伴我同走。你是不是能给我找出一个能干的人呢？我愿意出很多的工钱给他。若是必要，卖掉我的田庄也甘心……'

"我思索了一回，答道：

"'如果我可以有用处，那我一定陪伴你去了。'

"到了第二天，我们就上岸。我们备办了粮食，买了几柄手枪、步枪和帐幕；我们又雇了一名印第安人做向导。

"我们向本地土著详细问明了情形以后，我们就起头赶路了。

"我们一共走了多少里路，是很难说了。我算是一个生得很结实的人，可是那时我已差不多精疲力尽了。那地方又是潮湿，又是泥泞。我几次想法子，劝那老头儿不要再往前走了。

"我向他说：'我相信我们一定走错路了。要是那探险队是打这条路经过的，我们一定能够找得到一些痕迹。可是我们在这条路上，走了这么多日子，我们却不曾看见过火堆的痕迹哩……'

"那向导也和我同意。

"那老头儿禁不住我们几次的劝告，差不多已决定不再前进了。可是忽地他又改变了主意。你道是为什么呢？原来是为了一粒铜钮扣！也就是这个钮扣，才送掉了老头儿的一条命啊！

"有一天，我们在中途停下来，想在林子中间找寻一块空地过宿。那印第安向导和我刚点着火堆正在准备盖篷帐。老头儿在一棵树跟前席地坐着。忽地嚷着道：

"'约翰！看哪！一粒铜钮扣儿……'

"我走去瞧了一瞧。这当真是一粒铜钮扣儿，是那时候兵士用的。

"那老头儿失了魂似的，一面哭着，一面唠唠叨叨地说：

"'这是我的汤姆的钮扣儿啊，他身上的正是这样的。现在我们快会找到他了。'

"我就和他说：

"'怎么一准是汤姆丢的钮扣儿呢？不是一共有八个兵士吗？'

"'唉，'老头儿回答道，'不要再说这些了，我一见就能分析出来的。'

"我们只好继续往前找寻。这样又赶了三天的路。现在老头儿打定主意，绝不回原路了。我知道再劝没有用，索性也不劝他了。

"一粒钮扣儿。原不值什么，不过这却是一个线索。

"第二天，那老头儿就害了热病。虽然他遍身打着寒战，可是他绝不想躺下去。

"'我们得赶快走啊，'他说，'汤姆等着我呢。'

"到了最后，他已经站不住，便倒在地上不省人事。我服

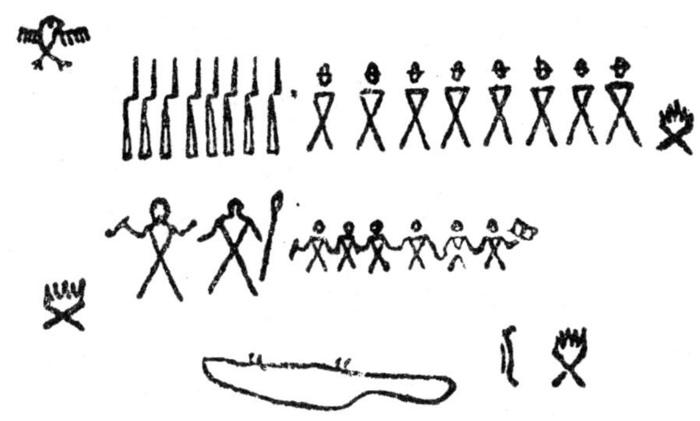

侍他有两三天，和服侍我的父亲一般，我和他实在太熟了。但是一切都已不中用。

"他死时手里还紧紧捏着那粒铜钮扣。我们把他埋葬在他断气的那地方，然后起身回去，却不走原路，是打别一条路走。

"就在那时候，出于意料之外地，我们居然发现了那探险队的踪迹。首先是找见了火堆烧过的痕迹。过去一点，又找到一面小旗。随后，最有意思的，是寻见了一片树皮。这树皮我至今还保存着。这里就是。"

说时，那船主就取出一个小盒子，盒子盖上嵌镶着三支小桅杆。他打开了盖，取出了一片枫树的皮，皮上面刻着图画，就像你在本页看到的那样。

　　“这图画，”船主继续着说，“是一个印第安人刻上去的，这印第安人是探险队所雇的向导。看上去，探险队那一群人离了大路已很远很远，在森林中迷了路，走了好久，不能出来。那印第安的向导，照着他们部落的习惯，就留下这封‘树皮信’，好教过路的人知道他们的行踪。

　　“这信是钉在路旁一棵树上的，远处一望就看得见。

　　“我那向导就解释这信上说的是怎么：

　　“在上面飞的鸟指示去向。八个人，和旁边的八支枪，是指八个兵士，可怜的汤姆也在这里面。六个小人是探险队员，其中一个手捧书本子的是他们的队长了。那个拿着矛枪的和拿着烟筒的是两个印第安向导。三个火堆表示他们经过的地方。一只身子翻天的海狸，是表示其中一个人，名叫海狸的，已在中途死了。

　　“我得到了这一个重要文件后，我就决定继续去找寻。

　　“我们依着那条路走，一星期后，我们遇见那迷失了路的探险队了。

　　“这事情现在已过去好多年了。可是每次我见了这一片树皮，我总得记起那老头儿和他那粒铜的钮扣儿。”

印第安人的墓石

在印第安人的坟墓上头，我们时常看见一些石墓碑，这石碑上面总是刻着一些动物之类，这些动物不是代表死者的姓氏，便是代表全部落的姓氏。

例如这里一块墓石，刻着鹿的图像。从这图像里，我们就会明白这死者的全部历史：

死者的姓名，一定是叫"快脚鹿"或诸如此类。这人是一个猎夫，以猎野鹿著名的。单看那只死鹿下面的野鹿就知道。他参加过许多次探险，打过数次仗。在墓石两旁的横划是表示次数。最后一次出战，打了两个月。因为墓石中间有一柄斧头，斧头下面是两个月亮。两个月亮下面，有一头四脚翻天的鹿儿，是表示打了两个月的仗以后终于阵亡了。

凡是野蛮人一生所干的事情，差不多都描绘在他的身体上面。在身上刺着各种各样花纹，这几乎是各部落共同的习惯了。

波立纳西安群岛（Iles Polynésiennes）上面的土人，规定身上的花纹，都有一定的意义。

在胸部刺一个可怖的怪脸相，这是代表神的头，只有酋长有刺这个图案的权利。凡是身上划成线条或方框的，线条的数目是表示参加战争的次数。此外刺成白色的弧线和黑色的圆圈，这弧线和圆圈的数目是表示战胜敌人的次数。

在身上刺花纹的那习惯，在我们看起来，自然会觉得可笑。但是在自称为文明而且受过教育的白种人中间，也有许多和波

文身

立纳西安群岛上面的土人，并没有两样。

当真地说，这些白种人，并没有在身子上面刺图案，可是他们却佩戴着各种各样的标记，例如镶金边的肩章，宝带，宝星章，勋章以及镶着羽毛和鹰的军帽之类。

这些标记无非表示他的爵位官衔和武功，那不是和野蛮人身上的花纹一个样子吗？

第五章　谜的文字

　　古代埃及庙宇和金字塔的壁上，到处都刻画着许多神秘的图案。这些图案在现代人看来简直是个谜。各国学者费了许多年代去研究，为的只是要猜透这一个哑谜。

　　这是很容易明白的：这些画图全是画着干各种各样工作的人们：有的是一些誊录手，手上捧着纸卷耳上插着一枝羽毛笔；有的是一些贩首饰、贩香水、贩糕饼、贩鱼的商人；又有的是制造酒杯的工人，张着口在吹着玻璃的溶液；也有那些雕琢珠宝的，嵌镶手镯和金戒指的；再有些武士，手上捧着皮盾，排着队伍，在埃及皇帝的銮驾前面奔跑。

　　看了这些图画，我们便不难想象，古代埃及的工匠生成是一副什么模样。商人和小贩们怎样在市场上做买卖，皇帝的銮驾仪仗，到底是一些什么。

古代埃及的雕像

这些图画，自然叫我们一看就明白几千年以前的人们的生活，可是在这些图画旁边还有很多的花纹记号，指的是什么意思，那就不很容易了解了。

这些埃及人的造像，雕刻着蛇、鸥枭、鹅、鸟头的狮子、荷花、手、脚、盘着脚坐地的人们、两臂高举在头上的人们、甲壳虫、棕树叶儿等等。这些图案全是用极工细的笔划勾成，和书本上面的文字一样。在这中间还有许多几何图案，如正方形、三角形、立方形、弧线之类，多到不能计数。

这些神奇的符号——也可以说是象形符号（hiéroglyphes）——所记录的全是几千百年的埃及历史和那时候埃及人民的风俗习惯。

虽然各国学者用尽了无数苦工夫，这些象形符号的意义，还是没法找出来。便是古代埃及人的后裔郭伯德人（Koptes）也都不懂得，他们老早就把他们祖先的文字忘掉了。

可是到了最后，人们到底发现了象形符号的秘密。

一七九九年，一队法国兵士奉了玻那伯德将军（就是后来的拿破仑一世）的命令，在埃及海岸登陆。这些兵士在罗塞蒂（Rosetti）城附近挖掘战壕的时候，无意中发现埋在地底的一块大石碑，这石碑上面刻着两种文字的字：希腊文和埃及文。

当时的学者们，有了这一个发现，是怎样地快活啊！

他们找到了象形符号的钥了！很明显地，只消拿希腊文和埃及文对照一下，象形符号的谜就完全猜透了。

可是结果依然是一场失望。

当时的学者以为埃及文是用图案构成的。每一个图案代表一个字。因此只消拿每个图案和每个希腊字对照就得了。谁知这依然找不出什么东西来。

发现了象形符号的钥

这样得再经过二十三年的时光。要不是那位法国学者尚波林（Champollion）的发明，也许我们至今还不知道象形符号是怎么一回事呢。原来尚波林首先发现了有许多象形符号，外面围着一个长方形的框（见上图）。和希腊文对照起来，在这框的中间，就有 PTOLMEES 这个字，就是古代一个埃及皇帝的名称。

假定这是对的，那么只消把方框中的每个象形图案，和 PTOLMEES 这些字母对照起来就得了。

这一对照，便得到了上图的结果。

可是这还算不得数。也许这些符号代表别的东西，也不一定。这须再经过一次核对证明才好。

运气真好。正在那时，菲雷岛（Ile de Phylae）上又发现了一块古代石碑，上面也有着希腊文和埃及文对照的碑记。

在这碑上，也有几个地方，是加着方框子的，框子里面的象形符号，有几个尚波林早已认识了。所得结果如下：

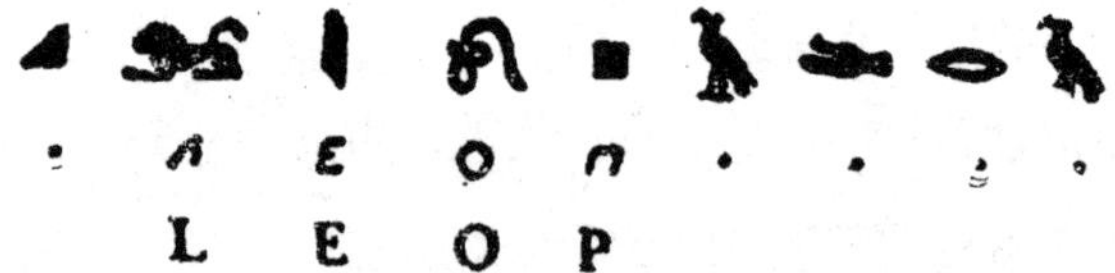

这里一共是九个象形图案，四个是已明白了，还有五个不知道。他因此就拿希腊文一对，在同一处地方，他看到了 K L E O P A T R A 这个字。这样，他高兴的了不得。不但查出了这不认识的四个字母，而且证明他的推测是完全正确了。

原来每个图案，并不是一个字，却只是一个字母，而把整个框子里的字母拼起来，才成一个字。从这两个框子中的图案里，尚波林已认识埃及文的十个字母了，就是 P、T、O、L、M、E、C、K、A、R。

可是他用了这些字母，去解释那些不在框子里面的图案，却依然得不到结果。

对于这没有框子的图案，又费了很多的时间，才算弄明白了。

原来埃及人只有写专名词（人名地名）的时候，才用字母。此外的字却有各种各样的写法。埃及的文字，像谜画一样，有的象形符号是代表整个字，有的代表一个字中间的一个缀音，又有的是代表一个字母。例如（见下图）：

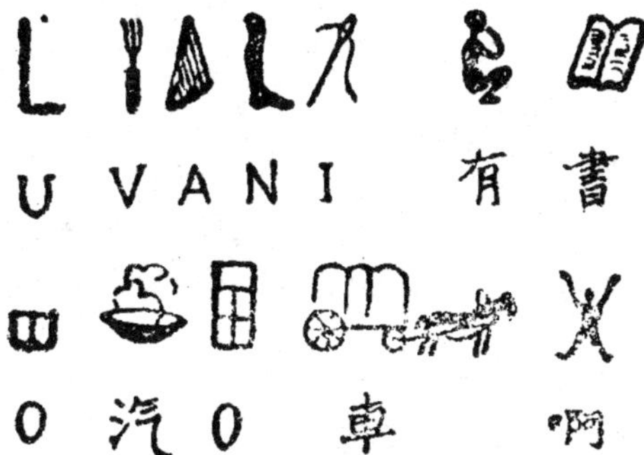

这些图中有代表字母的，如上面画的一只角代表字母"U"，一只叉代表"V"，一只竖琴代表"A"，一条腿代表"N"，一支针代表"I"，窗子代表"O"。有代表缀音的，如上面画的汽代表 par 的缀音，马车代表 vos 的缀音，两手高举的姿势

则代表 ah。又有代表整个词儿的，如上面画的一本书，就是代表一本书。但埃及文的"有"字，图上所画的，却是一个人在吃东西的样子。可是意义不是"吃"而是"有"。这是特别要注意的。

为什么要有这么多的麻烦呢？原来，在埃及文，同音的字是很多的。例如甲壳虫，在埃及文叫做 HPR（埃及字母只有声母，没有韵母），但是"是"这个字，也叫做 HPR。所以写甲壳虫这个字的时候，就不用字母，而画上一条虫，以免和"是"字混同。

下面是埃及象形字的一些例子：

在当初，埃及人也和印第安人一般，用图画来当做文字。这样的时期，过了很久。后来，慢慢地用缀音来替代图画，最后才渐渐变成字母。我们现在所用的字母，就是从这些埃及字母逐渐蜕变来的。

这样，从图画到文字，中间经过了几千年。

为什么有这些变化呢？

因为人类的生活，在变化着。最初是游猎部落，后来逐渐知道种植和畜牧，又到后来，变成了商人和工匠。一个养牲畜的人，自然不会把他的每一头母牛，都画成精细的图样。他只用一个记号，记着各种牲畜的数目就够了。商人也不会把他所有的货品，一齐描画出来。他早就知道了用一种记号来记录一种货品。用一种特殊记号当做财产的标记，就从这时候起头的啊！

这样，记号慢慢地替代了图案。埃及人的文字中间还有许多图案。波斯人和巴比仑人的文字，就没有图案了，只有些笔划和线条。波斯人和他的邻居巴比仑人一般，用尖头的小棒在泥土制的砖上写字。因此笔划非常工细，而且带着楔形。所以一般称古代波斯文为"楔形文字"（cuneiforme）。

经过了很多年代，没有人能懂得楔形文字的意义，对于这种古怪文字的索解，几乎已绝望了。恰在这时候，却找到解释楔形文字的钥。

这是一位德国的教授葛罗德芬特（Grotefend）所发现的。

这发现可并不是一件容易的事。因为他手头就没有两种文

楔形文字

字对照的碑石。

　　葛罗德芬特研究古代波斯王的墓石，发现每一块墓石上都有同样的字。他就假定这些字是说"波斯国王"，或者相类的字样。

　　因此在这些字的前面，一定是国王的名称了。例如"西鲁斯，波斯国王"。

　　有一块墓石上，这些同样的字的前面，是七个楔形符号。

　　葛罗德芬特知道波斯历朝国王的名称，如西鲁斯（Cyrus）、达里厄斯（Darivuch）、克舍尔西（Kchiarcha）、阿塔克舍尔西（Artakchiarcha）等等。他一个个地试拼着。

　　只有达里厄斯这个名称，是七个字母拼成。对照楔形字母如下：

D A R I V U CH

　　于是他懂得楔形文字的七个字母了。

　　用了这七个字母，他又读出了另一字：KCHIARCHA。

CH I A R CH A

　　只缺少第一字母。但这不难猜出来。这个字母是念"K"，因为整个就是波斯国王克舍尔西的名称：Kchiarcha。

　　于是这个谜又猜中了！说也奇怪，葛罗德芬特和尚波林一样，都是从古代国王的名称上面，找到了秘诀的！

　　后来，葛罗德芬特又发现了别的字母。他照着开头那样，假定"波斯国王"这几个字之后，应该是国王的尊号，因此译出了下面的句子：

"达里厄斯，大王，众王之王，波斯国君，人民之王。"

古代波斯文就是靠这样研究出来的。

但是有一点要补充的，楔形文字并不是波斯人所发明，波斯人是从巴比仑人那里学来的。

巴比仑人也和一切古代民族一般，最初只会用图案当做文字。可是在泥土制的砖头上描图案，是很不相称的。因此他们所作的图案，一个个都变成楔形。例如画圆形，慢慢都变成方形。下面就是巴比仑人的象形字：

月　　　星　　　鱼　　　屋　　　手

用的久了，巴比仑人就不用每个图案代表一个字，却只代表一个缀音。后来波斯人又把楔形符号简单化了，每个图案只代表一个字母。

但是这些字母要等到几千年之后，才有人发明怎样读法，你想奇也不奇呢！

自从尚波林和葛罗德芬特猜破象形符号和楔形文字的哑谜以后，人们学得了多少新的有意味的东西啊！

可是这些文字的谜，还不能说到现在已经完全猜透了呢！直到目前为止，还没有人能够解释叙利亚和小亚细亚一带石狮子和斯芬克像上面所刻着的那些文字。这些地方原是神秘的希蒂德（Hittites）王国的领土，这个王国的建立，还在埃及以前。到现在我们只能从埃及人那里知道一些希蒂德民族的历史。可是必须等到我们学会了希蒂德文以后，才算真正知道了这个民族的过去哩！

哀德鲁斯克人的文字

而且就算把这些古怪文字，像翻电码那样地，一个个字翻出来，也还是不够事。如果尚波林不懂得郭伯德民族的文字，他也不会懂得古代埃及的刻石，因为郭伯德人是古埃及人的后代，所以从郭伯德文字里，才能知道一些古代埃及文的大概。

还有哀德鲁斯克人（Etrusques）——古代意大利的居民——的文字，至今我们还是一个字都不识。

哀德鲁斯克人所用的字母，和希腊字母十分相像，所以照着希腊字母，很容易把这种文字念出来。可是究竟是些什么意思呢？没有人能懂得。所以这种文字，不知道要再经过多少年，才会有人懂得，或者竟永远没有人懂得。

你想，我们发现了这些古文字，能读出声音，却不懂得意义，这是何等不幸啊！

此外又不知道有多少文字的谜，要等待我们来解答！在我们这一生中，又不知道要新发现多少古代的文字呢！

第六章　文字搬家

　　许多种画图的文字，慢慢地都变成了记号的文字，可是直到我们现在，有好些地方，还照旧用着象形文字哩。

　　中国人发明纸、火药、瓷器、印刷，比欧洲人更早。中国人使用象形文字，也要比别的民族更早些，可是直到现在，中国的文字，还没有蜕去那象形文字的外壳。

　　就在欧洲人中间，用象形文字的地方，也还多着哩。

　　比方在公共地方，画着一只伸开指头的手，表示道路的方向，电杆上画着 ～～ 的线，药瓶外面画着一个骷髅。这些图画原来就当做文字使用的，意思是说"往这里走！""当心电线！""内藏毒药"等等。

　　但是把象形文字的式子，一直保存到如今，没有变成拼音文字的，却只有中国文字才如此。

大籀　□□年前用的字
篆文　□□年前用的字
隶书　□□年前用的字
楷书　现在书上的字

中国文字的演变

现在中国人用的文字，也不能算是完全象形的了。因为要是把最初的画图文字，一直沿用到如今，写一个"日"字，就画上一个太阳，写一个"马"字，就画上一匹马，写一个"舟"字就画上一只船，不用说，抄写的人太费气力，就是读书的人，也会读得头晕眼花哩！

因此，中国文字也在时时刻刻变换着花样。越是到后来，笔划便越是简单，离开真正的象形文字，也越是遥远了。

假如拿现在中国孩子们所念的书看起来，你会相信这些字全是画成的图形吗？

自然，你更不会相信欧洲人现在的文字，在当初却也是一个个的图形哩！

但是，现在欧洲人所用的文字，是从象形文字转变而成，这却是千真万确的事实。

从象形符号变成现在一般所用的文字，这中间的道路，是很长很长的。正像一个猎人，从野兽的脚印，一步步去追寻那野兽藏身的所在；研究文字的学者们也从现代文字，一步步去追寻古代文字的踪迹，这样才寻到了从象形文字到现代文字的一条漫长的路径。

原来我们现在所用的文字，是从这边搬到那边，搬了无数次的家，才搬来了我们这里。你只消翻开地图，就可以指出我们的文字是打哪一条路搬移过来的。

我们的文字的原籍是在埃及。埃及人经过了一个长久的年代，都是用图画来表现思想的。可是后来到了一个时期，埃及人知道完全靠了图画，是不够表现思想了。

这问题就在记录姓名这一件事上面。假如一个人的姓名，是指一件什么东西的，那就很容易画出来。印第安人就是这么干。印第安人有名叫"大海狸"的，只消画上一只海狸，人家就懂得是指谁了。又比方是一个姓"李"或姓"钱"的，画上一枚李子或一枚道光通宝，就很明白了。要写上"茅盾"的姓名，我们可以用上图来代表。可是遇到"夏丏尊"就不好办了。

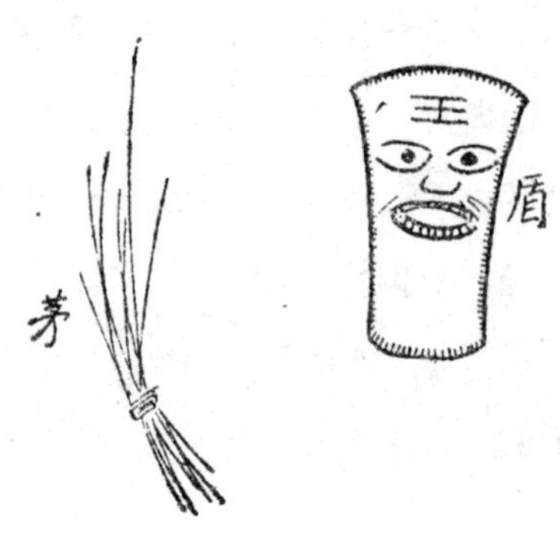

再如遇到姓"赵"的，姓"周"的，姓"于"的，姓"潘"的，根本就无法描画出来。

古代埃及人用图画当做文字，最后就遇到了这样的困难。

因此，渐渐地埃及人想法创造出字母来了。埃及人原来就有了几百个象形字，这些象形字有的当做一个词儿用，有的当做一个缀音用。除了这几百个象形字，埃及人又创造二十五个记号。这二十五个记号并不像我们所用的字母那样，却仍是描绘出来的一个个的图形。

这事情很简单。原来埃及语言里有很多单音的词儿，例如"嘴"就叫 ro，"席子"就叫 pui，"地方"就叫 bu。但到了后来嘴的象形字，不仅代表"嘴"，而是当做了 r 这个声母。席子的象形字，不仅代表席子，而是当做了 p 这个声母。地方的象形字也不仅代表地方，而是当做了 b 这个声母，因此一部分的象形字就一变而为拼音记号了。

可是埃及人对于使用拼音记号，到底还是感觉到不方便，所以一面采用新法，一方面仍旧保存他们的旧习惯。他们往往在一个拼音记号旁边，再加上一个图形。

比方 th 这个记号是代表"书"的，可是埃及人老是在这个记号边上，画上一卷书。an 的意思是一条鱼，但这记号边上往往再画上一条鱼。

埃及人舍不掉象形字，不仅是因为习惯如此，却还有别的原因。原来埃及的语言和中国的语言一样，单音的词儿很多。要是完全用拼音记号来写，那么有很多词儿，写出来完全会变成一个样儿。所以为避免错认起见，许多记号的边上，必须再加上一个象形符号才好。

要是书的拼音记号边上，不画上一本书，鱼的拼音记号边上，不画上一条鱼，就会发生很多的错误。原来埃及人只发明了声母，却忘记了韵母。比方甲壳虫这个词儿，他们就写做 hpr，这三个全是声母，没有一个韵母。这样的文字，假如在边上，没有象形符号，自然不容易认得清了。

因此，埃及人虽然创造了拼音文字，可是并没有创造真正的字母。在埃及庙宇的壁上和埃及人所留下的芦叶纸上，我们看到了各种各样的象形图案，其中有的是代表一个词儿，有的代表一个缀音，有的又只代表一个声母。所以真正的字母，在古代埃及文里，却还没有存在。

发明真正的字母的，不是埃及人，而是埃及的敌人，闪族人（Semites）。

大约在四千年之前，埃及给闪族进攻，征服；这闪族就是希克斯人，是从东方侵入尼罗河流域的。

希克斯的国王统治埃及，有一世纪之久。

从埃及的许多象形字和图案中间，希克斯人挑选了二十多个。而且把这二十多个象形字，改成了简单的记号。这样就产生了现代的字母的老祖宗。

但这最初的字母，依然没有脱离象形的痕迹。希克斯人称"公牛"叫 Aleph，因此画了一个牛头，就成了字母 A。"房屋"叫 Bet，因此画上一所房屋的雏形，就算是字母 B。"人"叫 Rech，因此一个人头就代表了字母 R。

请看上页的三个图形，谁相信这就是 A、B、R 三个字母的原形呢？

就用了这样的方式，希克斯人创造了二十一个字母，其中有声母，也有韵母。字母的形式，是从埃及象形字中摹下来的，不过比较简单得多。

世界上最初的字母从此就在希克斯人的王宫里出世了。

过了一世纪以后，埃及人终于推翻了"外族统治"，获得民族解放。希克斯王国这名称，从此永远消失了。

可是他们所创造的字母，却在埃及北方沿地中海岸的各国到处流行着。地中海岸的闪族部落，菲尼基的航海家，犹太的农民和牧人，依旧保守着他们的祖先希克斯人的文字。

菲尼基人是惯于航海经商的民族。他们的船只，在希腊海岸一带，往来不绝，从居伯罗岛起，一直到直布罗陀海峡为止。他们到了一处地方，便把他们的商品陈列在岸上：贵重的项圈哩、斧头哩、剑哩、玻璃杯哩、金杯哩。他们用了这些东西，交换皮、毛布匹和奴隶。

他们所到的地方，除带去他们的商品以外，同时也传播了他们的文字，那些和菲尼基人做交易买卖的人们，也都开始学会他们的字母了。

这样地拼音文字从菲尼基人所居住的佛拉岛（Fera），不久就传到希腊的菲尼基殖民地。但这已经不是希克斯人在埃及所创造的那种文字了。菲尼基的商人，没有闲工夫来细心描绘那些曲折的图形。那些公牛啊，蛇啊，房屋啊，人头啊，已经脱胎换骨，变成另一种式子了。

后来，这菲尼基人所创造的文字，又从希腊搬到意大利，从意大利搬到我们这里。

可是离开了菲尼基以后，文字并没有立刻搬动。它在希腊中途耽搁了两千年之久，才开始向北方搬移。在这中间，它又经过许多许多的变化。

这样，埃及的文字经过了希腊、意大利，搬到北欧，从北欧又搬到俄罗斯，这中间要经过四千年之久。沿途所遇到的风霜雨雪，困苦艰难，那是不消说了。

它完全变了本来面目：有的时候面朝左，有的时候面朝右，有的时候仰面朝天，有的时候又俯身向地。它曾经乘坐过有"十三个座位"的菲尼基的船只，它曾经骑在奴隶们的背上行走。有时它被藏好在盛芦叶纸的圆筒里，有时它又被装在修士们的背囊里。

在这一路，它丢失了许多。

可是，在路上也找到了许多新的伴侣。

临了儿，这些文字，算是搬到了我们这里。可是已经变得面目全非，相见不相识了。现在如果要找到这些文字的原形，那必须把埃及的象形文字，在西奈（Sinai）半岛哈多尔（Hator）女神庙里所发现的希克斯文字，以及菲尼基文字、希腊文字、斯拉夫文字、俄罗斯文字，各种欧洲文字，都放在一处对照一下，才有办法。

把这些文字对照起来，你会发觉公牛的头已变成了一个"A"，头上原有的两只角，却放在下面来了，此外的许多字母，也都转变成和原来完全相反的方向。

这是什么缘故呢？原来菲尼基人写字，是从右到左的，而现在欧洲人写字，却是从左到右。

最初希腊人学会了菲尼基人的字母，也是从右写到左的。随后，变换方法，第一行从左写到右，第二行从右写到左，第三行又从左写到右。可是这样的写法，觉得很不方便，所以后来索性完全从左写到右了。所以从左到右的写法，还是希腊人所首创的。

因为希腊人把从右写到左的习惯，改为从左写到右，跟着字形的方向也改变了。

58

	埃及文	希克斯文	菲尼基文	古希腊文	圣西里尔时代的希腊文	斯拉夫文	现代欧洲文
公牛							A
房屋							B
角							G
门户							D
人的呼唤声"喂"							E
橄榄							Z
棕榈							K
绳子							L
水							M
蛇							N
眼睛							O
嘴							P
人头							R
山							S
十字							T

字母的沿变

　　所以文字和堆在车站上的货物一样，有的时候横堆着，有的时候竖堆着，在没有装到车厢里以前，它的位置，是随时可以转变的。

　　但是从左写到右，到底为什么一定比从右写到左更合式呢？

　　有的文字从右写到左，有的从左写到右，中国人却从上写到下，这中间的差别在哪里呢？为什么又有这些差别呢？

　　事情是这样的。创造我们的文字的埃及人，起首也是从上写到下，和中国人一般。

　　当时的誊录手，左手拿着芦叶纸，右手写着。这样自然是从右面开始写，要便当些。不然，从左面起首写，有他的左手挡着纸面，多不方便呢。

白纸上写黑字
书的故事

　　因此照埃及人的写法，这本书的名称，应该如右式样：

　　叮是这样的写法，究竟也不能称心如意。写字的人写完了右面第一行，往左写时，往往会把第一行没有干的墨揩掉了。中国人一向从右写到左，有一个道理，因为中国墨干的很快。但埃及墨是用煤烟、植物膏汁和水混合而成的，干的很慢。

　　为了避免这个困难，当时的誊录手，就由直写改成横写，这样写字的右手，就不会揩去了上面一行的没有干的墨。可是从右写到左的习惯，却仍旧没有改。因此假如写这本书的名儿，就变成这一个式样：

字黑写上纸白
事 故 的 书

到了希腊人写字的时候，从右到左，终究感觉到不方便，所以最初改成第一个式样，后来又改成第二个式样：

第一个式样

字黑写上纸白
事 故 的 书

第二个式样

白纸上写黑字
书的故事

这第二个式样，横行从左写到右，后来便由欧洲各国共同采用了。

可是希伯来文（犹太人用的文字）和别的几种文字，至今还是从右写到左的。

上面我们说明了文字从埃及搬到俄罗斯这中间所经过的途程。但实在说起来，埃及的象形文字是向全世界各处分头奔跑。

上面说的不过是其中的一条路罢了。它不仅往北走，而且也往西走，走到意大利，就变成了拉丁字母。

此外，它更向东走，到了印度，到了波斯，阿美尼亚，到了乔治亚，到了西藏，到了朝鲜。可以说世界上没有一种字母，不是从埃及字母沿变来的。

这已经够奇怪了。但是说到数目字的历史，却更奇怪哩！

我们惯常书写的那些数目字，其实也是从象形文字或图画文字变来的，你会相信吗？

原来经过一个很长久的时间，人类只知道用指头记数！

比方要说 1，就伸出一个指头，说 2 是两个指头等等。伸出一只手的指头，就是 5，两只手就是 10。但若是要说出比这更大的数目，那就得把两手翻来覆去，和风车一样。不知道的人一定以为是在扑苍蝇，谁知他却是在计算数目呢！

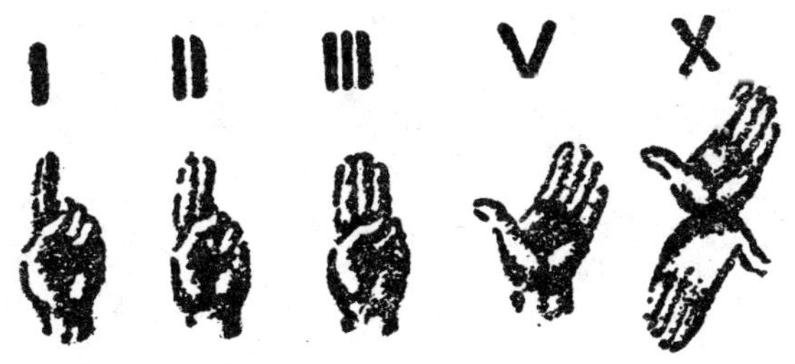

这用指头计数的方式，后来就成为记录数目的方式。在罗马人所用的数目字里，Ⅰ、Ⅱ、Ⅲ就是画上一个、两个、三个指头。Ⅴ是表示张开一只手，Ⅹ是表示张开两只手，这样就成为五和十。

不单是罗马数目字，就是我们现在所用的 1、2、3……也是从指头变来的。

1 是一个指头，很容易明白；2 本来是两横划；3 本来是三横划；4 本来是四根棍子，交叉成十字形；5 是一只伸开的手掌。

但是和文字一样，数目字后来写的多了，快了，就变了原来的样子。因为写的时候，每个笔划连结起来，这样逐渐就变成现在的样子。

可是我们现在所用的数目字，离开象形字，还不算很远哩。

至于 1、2、3、4、5 以外的数目字，更容易明白，是这五个字加起来成就的。其中最有意思的，却是关于"0"的故事。

"0"就是没有，就是空孔。可是人类发明了写"0"的方法，这中间又得经过长久的年代。

可以说，这个"0"的发明，和汽船或电话的发明一样的重要。

在起头的时候，人们不知有什么"0"。计算的时候，是用一

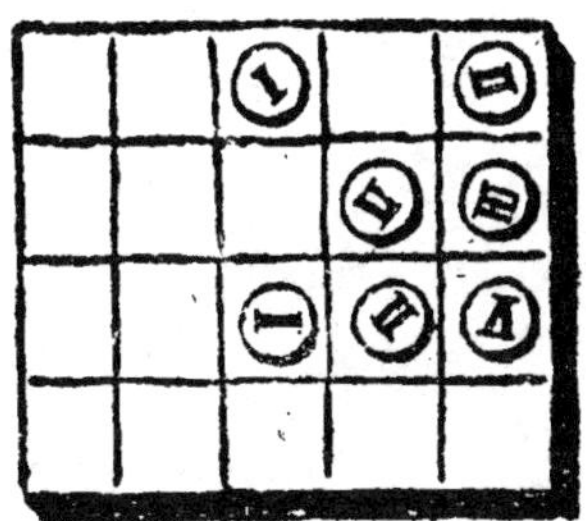

块小版，上面划成方的小方格。每个小方格里，预备填上数目字，外面加上一个圆圈。比方计算 102 ＋ 23，就照图上的办法，把中间没有数字的位置空出来。

希腊人就是用这种小版，当做算盘的。希腊人还不知道写数字。他们用希腊文的第一个字母代替 1，第二个字母代替 2，其余类推。因此要是没有这一种算盘，计算是很困难的。比方 PI ＋ LAMBDA 或 NU ＋ RO，你想多么困难呢？

希腊人长于心算，算出来后只记上答数就是了。

但是不久以后，希腊人为方便起见，就用普通的桌子，当做计算

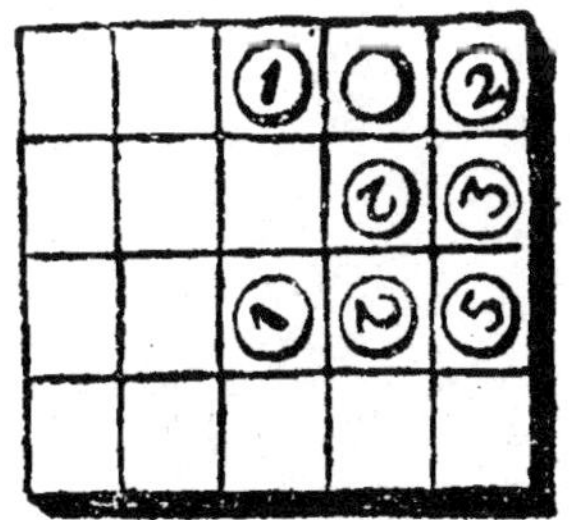

版。桌上没有方格，记数目的时候，就画上一排圆圈。把数字填在圆圈当中。假如遇到位置是零，就空出那圆圈，不填上数目。就像①○②。到最后写在纸上的时候，这空白的圆圈，就成为我们现在所用的"0"了。

在俄罗斯和中国，现在还用一种算盘，和希腊人的计算版相类。不过算盘上没有"0"，遇到"0"，只是空着罢了。

下篇

第一章　永久的书

文字不仅从一个国家，搬移到别一个国家，从一个民族流传到别一个民族，此外还有别种的变化哩。最初，文字是刻在石头上面的，后来才写在芦叶上面，后来又从芦叶上面搬到了蜡版上面，从蜡版上面搬到了羊皮上面。到了最后，才搬到了我们现在所用的纸头上面。

譬如一棵树，从沙土上面长出来的，和从肥沃的土质上面长出来的，完全不一样。文字也是如此，生长的地方不同，式子也就不一样。文字刻在石头上面的时候，笔划全是硬而挺直的。写在芦叶上面，笔划就变成弯曲的了。从蜡版上面长出来的文字，弯得和钩子一般。在陶土上面的，却都是有棱角的，像星儿角儿之类。可是到了在羊皮上和纸上书写的时候，文字也会时常变花样儿，变得简直五花八门，无奇不有哩。

下面的图，便指示着在各个不同的时代用各种材料记录出来的文字。

石上刻成的文字，蜡上刻成的文字，羊皮上写成的文字

一看就明白：刻在石上的字，都很工整，笔触是硬的。刻在蜡上面，就变成弯曲不整齐的了。写在羊皮上面的时候，笔触又是圆匀而精细的。开头看起来，你会当做这三种文字，是用三种不同的字母写的。谁知这些全是拉丁字母，不过写在三种不同的材料上面罢了。

你看文字多会变花样啊！

现在我们日常惯用的铅笔和纸，其实发明得并不多久。在五百年前，那时学生用的书包里面，既没有铅笔，也没有金属制的笔头。他们是用一根尖头棒，在一块蜡溶成的版上面写。他把蜡版放在膝头，用棒刻在版上面。

这样的写字的方法，当然不是十分方便的。可是我们却不能这般说。要是追溯到最早，当人们开始描画那些史前时代的图形的时候，所用的一套方法，简直困难到不可思议哩！在那时候没有一定的写字工具。怎么样写法，写在什么东西上面，都没有一定办法，每人都得各人自己想办法。

凡是一切落到手里的东西，都可当做写文字的纸头用。例如一片羊的肩膀骨头，一块石头、棕树叶子、陶器的碎片、野兽的皮、一片树皮等等，不管是什么，都是好的，都可以用一块骨头或一块尖石头，把图形刻上去。

这些粗蛮的写字方法，一直留传到很久的年代。据说穆罕默德著《可兰经》就是写在羊的肩骨上面的。希腊人会议中，投票的时候，不像我们那样写在纸头上，却用一块陶器的碎片——希腊人叫"Ostraki"——当做了票纸。

到了芦叶纸发明以后，因为价钱太贵，有些贫寒的著作家，还是用着盆子碟子的碎片写字。有一个故事，说希腊的一个学者，打破了他所有的陶器和杯盆，才写成一本书。

还有一次，罗马的兵士和官员，到埃及行军，因为芦叶纸短少，就在陶器碎片上面，写他们的报告和收据凭票。

棕榈树的叶子和树皮，比较方便，所以当时人们都用一枚针在这上面刻字。这方法使用的很多，一直到芦叶纸发明时为止。

在印度有用棕榈树叶写成整本著作的。他们先把叶子的四边切齐，随后用线穿缀起来。边上涂上金或者颜料，这样就成一本很美观的书。这样的书不像现在的书，却像现在的百叶窗。

这些用骨头、陶器和棕榈树叶子做成的书，现在除在博物院里外，已经见不到了。可是还有一种古代人所用的书写方法，我们至今还用着，这就是石头上刻字。

一本石头上刻成的书，是最经久的书。

一本石头的书

四千年以前，埃及人在庙宇及坟墓壁上刻着的全部历史，能够一直保存到今日。同样地，现在我们也常把重要的文字刻在石碑上，以永垂不朽。

可是用石头做书本子，这样的事在现在到底已很少见了。这是有两个原因：一则因为石头上面刻字，没有像在纸上抄写的容易，二则因为一本用石头刻成的书，至少也得有几百斤重，要翻开看的时候，就得用起重机，而且这样的书，你不能放在家里读。你也没法子从邮政局里，投寄一封石头刻成的书信。

因此人们曾经费却很久的时间，想找寻一种可以记录文字的东西，这种东西必须很轻很薄而又很经久。

起初试验过用黄铜。至今还留下许多铜碑，上面刻着文字，这些都是做古代王宫和庙宇的装饰品的。

这些铜碑，有的占满了全个墙壁。也有的是在正反两面刻着字的，那便不钉在壁上，却在屋梁上挂起来。

请看下面这幅画图吧，这是雕刻在礼拜堂的黄铜的正门上的。这里画的故事，是哀丁纳伯爵和勃罗雅城市民订立的契约。市民允许在伯爵的堡邸周围，建造一座城墙，同时交换了征收酒税的权利。

现在酒早就喝完了，喝酒的人也躺在坟墓里了，堡邸周围

的城墙，也早就倒塌了，只有这个契约至今还刻在礼拜堂前面的黄铜制的大门上。

但是不论是石刻的书，或者铜刻的书，都太笨重，不好搬运。而且最糟糕的，在硬性的石头或黄铜上面，要刻上文字，是非常地艰难。比方说，现在我们的著作家，在著作的时候，必须穿上一件皮制的工作衣，两手拿着斧头和凿子，干那石匠的勾当，你说能不能行呢？

这样，如果要著成一页的书，必须拿斧头凿子，干一整天

苦工才行啊！

从这些想起来，我们现在所用的书写的方法，确是比古代高明得多了。可是纸头不能十分经久，这倒是真的。古代的人们想过多少时候，要想找出一种东西，像石头那样经久，又要像纸头那样容易写字。到最后，居然想出来了！

很久以前，居住在蒂格里河和欧发拉蒂河流域的巴比仑人和阿舍里亚人早就用过这方法的。在古琼吉克（Koujoundchick）地方，古代尼涅夫（Ninive）城的废墟，一个名叫黎华德那胥的英国考古学家，曾经发现了阿苏尔巴尼伯尔（Assurbanipal）王的图书馆。说也奇怪，这一座图书馆里却找不出一片纸头哩。

原来这些书是用砖头做成的。先制就了厚而大的平滑的泥砖。随后用一支三角尖的小凿子在砖头上面凿成文字。

凿子钻进去的时候很深，可是拔出来的时候很快。因此每一笔划，开头是颇粗的，尾巴上却很细小，像蝌蚪的样子，古代巴比仑人和阿舍里亚人能够很快地在整块砖头上，写满了这一种蝌蚪字。

要教这砖头耐久，所以凿好文字以后，先用太阳晒干，又送给烧窑的去烧一下。现在，我们的烧窑工人和制造书籍这一行，是绝不相干的。可是在古代，烧窑的人不但会烧盆碗，而且也会烧"书"。

这些在窑里烧过的书，是和石刻的书，一样地耐久。

用这种方法做成的书，不会被火烧掉，不会潮湿霉烂，就是老鼠也不会啮坏它。自然，掷在地上，是要碎裂的，可是仍旧可以把碎片拼合起来。尼涅夫地方的古代图书馆里的砖头书，大半是破碎的。可是经过许多学者的长久的工作，终于拼合起来，回复它的原状了。

尼涅夫图书馆里一共有三千块砖头。一部书就有许多块碎砖头，和现在一部书有许多页一样。可是砖头却不能像纸头那样装订起来。因此每块砖头上必须注明书名和砖头的号数。

古代尼涅夫图书馆中的书

例如有一部关于开辟天地的书，开头第一句是说：

"从前时候，我们头上的东西，并不称做天。"

这部书的每块砖头上，都有这么一句。后面依次题上一、二、三等数码，一直到最后一块砖头为止。

此外每块砖头上，都有图书馆的印记。这自然更容易明白。

在阿苏尔巴尼伯尔——战士之王、人民之王、阿舍里国之王——的王宫里。纳巴神和哈斯米泰女神赐给国王以聪敏的耳朵、尖锐的眼睛，他能够搜寻王国内所有作家献给先代国王的一切著作：

"在理智的纳巴神鉴临之下，朕特搜集这些砖头，命令官吏重抄一份，记上朕的称号，藏诸宫殿，以垂不朽。"

这是每部书上面所写着的题记。在这图书馆里有着各色各样的书。有的记载阿舍里亚人和里地安人（Lydien）的战争，菲尼基人和阿美尼亚人的战争。有的记载巨人奇尔格美楚和他的朋友沙巴尼的故事，这巨人据说是生着弯曲的角和公牛的腿与尾巴。

更有的是记载女神伊斯泰的故事，伊斯泰从天上下凡，而且亲入地狱，去会见她的丈夫。还有关于一条河的故事，这河把整个地面冲毁，变成了浩茫无边的大洋。

每天晚上，阿舍里亚国王要是不能安眠，便命他的奴隶到图书馆里去找寻几本书。叫他在旁高声朗诵着。听着这些故事，国王就忘却一切忧烦了。

阿舍里亚人不仅用泥砖写字，而且也用泥砖印刷。他们用宝石琢成了圆筒形的钤印。圆筒外面刻成了凸出的花纹。在国王和外国订立条约的时候，就用这圆印在泥砖上转过去，就在砖上显出显明的凹形花纹了。

说也奇怪，现在在布匹上印花纹也是用这个法子。还有一种印刷机，把铅字浇在滚筒上面，难道这竟是阿舍里亚人发明的方法吗？

古代的许多契约、账单、发票，保存到现在的，都盖上印章。印章附近又往往签着名字，或者有一个手指印。这大概是一个不会写字的人，所以用指纹来替代签字的啊。

第二章　带的书

砖头做成书已经算是很古怪了。可是埃及人另外又发明了许多种做书的方法，那才更古怪哩。

你可以设想，是一条长长的带子，有一百公尺长。看上去像是纸头做的，其实却是一种稀奇古怪的纸头。仔细看起来，才知道是用一种长方形的薄薄的质料，一方方连接起来的。要是撕下一片仔细检查的时候，就会发现是用双股细线搓成的东西粘合而成的。

这东西是黄色，有光亮，面上光滑而易碎，和蜡版一样。文字并不是依着带的长度一直写过去，而是分着格数写的。要是依着带的长度写过去，那么读的人必须从一头走到那头，又从那头回到这一头，多不方便呢。

这种特别的纸是用一种古怪的植物制造的。

埃及人在尼罗河畔一些低湿的地方，种满了许多矮小的树木。其实这还不能算是树木，不过是一种类似芦苇的植物，长的有一人高。

这植物的茎是光滑而且直的。顶上开着一朵花冠。

这植物的名称，叫"papyrus"，我们现在译作芦草。

现在许多国家的文字里，还保存着这个名称。譬如"纸"这个字，在英文叫 paper，在法文叫 papier，在德文叫 papier，在俄文叫 papka，都是从 papyrus 这个字变来的。

这怪异的植物，是埃及人一日不可缺少的东西。他们用这植物做成纸，可是也用着当食品，当做饮料。他们用这植物做衣服、鞋子，甚至于造船。芦草加水煮熟后可以充饥。汁可以喝。芦草的皮，可以做鞋子。把茎榨成浆，可以做成一只船。可见这和牛尾巴一样的芦草，对于埃及人是非常有用的。

有一个罗马著作家，曾经亲自看见过用芦草制造纸，他的著作里，描写古代埃及人制纸的方法如下：

他们先把芦茎劈成薄而大的片篾。随后一片片粘合，成了一个整页。粘合的方法，是在一张台子上，把芦片摊着，上面倒着尼罗河上多粘土的水。这粘土就当做了浆糊。那台子必须

芦草的收割

倾斜，水才能不绝流动。做成一页以后，再在横直四边用线缝过，这样芦叶纸就做成了。

做成了一叠芦叶以后，放做一堆，上面加上重的东西，压得平直。最后才把芦叶在太阳下面晒干，并且用一种骨头或贝壳把叶面磨光了。

芦叶纸有许多种不同的品质，和现在我们用的各种纸头一样。挺讲究的纸头，是用芦茎的芯子做的，有十三个指头阔，同我们用的练习簿差不多。埃及人称这种纸叫"圣纸"，因为专做誊写圣书用的。

罗马人从埃及人那里买了这第一号的芦叶纸，改称"奥古斯德纸"，表示尊敬罗马大帝奥古斯德（Auguste）的意思。第二号纸却叫做"里维亚"（Livia）纸，那是罗马皇后的名字。

此外还有别的品质的芦叶纸。最坏的一种"市纸"，只有六个指头宽，不能做抄写用，只能包东西。

出产芦叶纸的地方，是在埃及北部亚历山大里亚港（Alexandrie）因之有"亚历山大里亚纸"之名，至今还沿用着。从这个港口，把芦叶纸运到罗马，运到希腊，又运到小亚细亚各国。

写书的时候，先在芦叶上，一叶一叶地写。写完了二十叶，便用胶水粘起来，做成约有一百公尺长的手卷。

这种书怎样地读法呢？

要是你把这书摊在地上，就会占满了你的整个屋子。你在地上爬来爬去的读着，不见得会舒服。装上一个架子吧。哪有这么长的架子。就算有，屋子里摆不下，放在屋子外面呢，天下雨了又怎么办？而且也难免坏人过路的时候，把它撕破了。因此这些书只有卷成一卷，要读的时候，就请两位朋友，各人拿着一边，慢慢地展开来读着。但是怕的是这方法也未必成功。因为什么地方去找寻两位朋友，每天站着几个钟头，给你捧书本子呢？

那不是可以把芦叶切开，用线订成一本像现在我们用的书，不是很好吗？

但是不能。因为芦叶纸可不能像普通纸头那样随意折叠。一折是就要碎裂的。

埃及人发明的方法，可是实在聪明。他用两根竿子，把芦叶的每一端粘在竿子上面，竿子就变成了两个轴，这样从两面卷起来。这轴上短而下长，露在纸下面的部分，雕上人物图画，做成了一个柄。读书的时候，只消两手拿

着两个柄，读到那里就卷到那里，这不是十分方便吗？

现在我们藏放地图和报纸，也还是用这个方法，以免碎裂。

可是这样的书，也有一个不方便。展开来读的时候，左手拿住柄子，右手把另一个柄子转着，这样读下去，两手都不得空儿。假如在读书的中间，你把右手指去搓一搓眼，或者去拿一支笔，那么整个手卷，就会一齐展开来。因此要从这种的书中间，去抄下一段，是很困难的。必须有两个人，一个念着，另一个抄下来才行。

一个学生子，假如要参考很多的书，每本里都要去翻翻，那么用这样的书是非常不方便的。

但芦叶的书，不方便的地方，还不只这一点。因为一个手卷还不过是整部书中间的一部分。在我们可以印成一厚册的著作，在埃及人、希腊人、罗马人，必须分成许多手卷。所以那时候的书断不能藏在衣袋里。假如要把一部书带回家，那必须把许多手卷，装进一个圆的筒，和大的帽盒子一样，再用皮带缚住捎在背上才行。

因此有钱的人自己从不会带了书走。当他走到图书馆去的时候，一定带着一个奴

隶，叫奴隶给他搬运着他所要带走的书。

那时的图书馆就像现在贩卖糊壁纸的铺子。书架子上面放着一卷卷的芦叶纸，每一卷上面附着一个标签，记上书的名称，看上去很像是些糊壁纸哩。

芦叶纸上写字也是用墨水，可是和我们现在用的墨水，就大不相同。这是用煤烟和水而成的。要使得这些墨水不会在纸上沁开来，就加上了一种阿拉伯的胶汁。

这种墨水不像我们所用的墨水那样耐久。只消用一块海绵和着水，在芦叶上一擦，就可以把字迹完全擦去了。有时手头没有海绵，埃及人就能用舌尖把字迹舐去。从前有一个故事，说的是加列古拉（Caligula）皇帝，举行考试，发现了某诗人不够资格，就罚这诗人把他所写下的著作，全用他自己的舌头舐去。

那时候的笔和我们现在所用的也不同。这是用做马鞭的柄的那种植物做的。有铅笔那样长。头上削尖，劈成两片。

这头上是非劈成两片不可的。我们现在所用的钢笔头，不是头

上也分成两片吗？要是把这中间的一片碎掉了，这一个笔头就不能写字。因为笔尖分成两叉，墨水可以从中间的空隙渗出来。写字的时候，要笔划粗些，你就撤的重，要细些你就撤的轻。这是很巧妙的方法，其实是埃及人早已发明了的。

在金字塔的壁上现在还可以看见许多埃及的誊录手的像，这些誊录手大部分是年轻人，坐在地上，左手捧着芦叶卷，右手握着一支竹制的笔。

誊录手成功一个习惯，就是在两耳后面，各插着一支笔，和现在机关上办公的职员一样。

现在我把一个关于誊录手的故事讲给你听吧。

一个誊录手的故事

要是你看一看誊录手手上捧着的芦叶卷，你就会很诧异，原来这些写在芦叶上的字体，和你所认识的埃及象形字大不相同啊。这是一种拙劣的书法，和我们惯常在埃及庙宇和坟墓的壁上所看到的工细的图形，真大有天壤之别。

这原因是不难懂得的。原来在芦叶上写字，要比在石头上凿图形更简单得多。在石上凿字，要半个钟头，在芦叶上写，只消一分钟就行了。知道了这一层，埃及象形文字，在芦叶上面，完全失掉了工细齐整的原形，就并不足怪了。写的快的时候，笔划就潦草了许多，而图也描的简单多了。

只有那些僧侣们，才要写的齐整好看，所以每字每行，都不惜花费工夫，慢慢地描着。可是不属于僧侣阶层的那些普通人呢，他们是越写的快越好。

因此埃及的文字，到最后分成三种字体：象形体、僧侣体和通行体。

这可见芦叶纸的发明，对于字体，实在起了一个大革命。

这里我们要讲起的那个誊录手，便是写那通行字体的。当那些穿白布衣服的工人把麦子一袋袋地捎到仓库里去堆存的时候，我们这位誊录手，就用笔记着数目。管工的工头一喊出袋数，他就得立刻记在芦叶纸上。你想他又怎能每个字都描上精细的花样呢！

这些大仓库是在粮食铺旁边。工人们捎着盛麦子的袋，走上砖石砌成的阶道，到了麦仓的门口，把整袋的麦子倒进去，随后就很快地下来，好让别的工人捎着满袋的麦子走上去。

最后所有的谷子都称过了，登入了粮食铺的账簿，工人们交还了空袋子，各自回家去了。誊录手收拾起纸笔墨水，和工

人一块儿在街上走。

街旁的房屋都很高，仰起头只看见一条细缝的天。这里是富人住的地方。工人们的小屋子，却是在城市的尽头。

有几个工人就在街旁歇一歇足，和他们的朋友，喝杯啤酒，或者喝一杯用棕榈树叶酿成的更强烈的饮料。

可是誊录手尼奇萨蒙却不曾在酒店门前驻足。他悲哀地回到自己家里。他要再等十天，才能领到工钱。最近一次领的工钱，他老早就花完了。在他家里，没有面包，没有油，也没有麦子。他不认识一个人，也没地方去借钱。

自然也有一些誊录手，在乡间有美丽的屋子和大批的财产。

比方专管国王的谷仓的誊录手奈西谟德。听说他侵占了很多的公款，现在，成为城里最富的人了。可见一个规规矩矩的人，是只有饿死的。

尼奇萨蒙回想起出学校以后七年中间的生活。在贫穷苦恼中过了七年！在学校的时候没有人想到他的前途是这样的。没有一个学生比他更聪明！他学会读书写字比什么人都快，算学也没有人能够胜过他。

整部的算书，他完全记熟了。又如几何学，在第一页上写着"了解一切神秘事物，和一切事物中隐藏着的秘密的方法"。可是他是整部记熟了。

譬如五个人分一百个面包，其中两个人所得的，应该比其余的人所得的多七倍，这应该怎样分法？这样的算题，除了他也没人能够算出。唉，原来在书本上面，分配东西，也是不公道的啊！

而我们的可怜的尼奇萨蒙，他并没有这样幸运，可以分得比旁人多七倍！

可是他不甘心，老是忧虑悲伤着。他还年轻，有气力，他不是傻瓜，那为什么要自暴自弃呢？

　　他放轻脚步，走进了他的那间矮屋子里，他的老婆和儿子在那屋子里等候着他。他的儿子还只有六岁，已经在学着做誊录手了。他已经能用他的小手，在芦叶卷上描画那些圆圆的有角的字儿。

第三章　蜡的书

　　蜡可以做成烛，这是大家都知道的。可是一本蜡做的书，那就有些古怪了。蜡做的书，比之于我们上面说起过的砖头的书和带的书，更来得好看，只是一遇到火，却会像牛油一般的溶化。这蜡的书是罗马人发明的，可是一直到前世纪初头，法国大革命时代，还有人用着，你相信吗？

　　看右边的图就知道蜡的书是什么式样。这是用一块块的小木版做成的。每块木版像现在我们的书本子那样大小。木版中间挖去一块长方形的框，这框中间填上了黄色的或染成黑色的蜡。

蜡的书

木版的两头都有一个小洞，从这小洞，穿过一条线，这样就把数多块小木版，订成像一本书的样子。第一块和最末一块木版的外面是不上蜡的。这样把这书闭上的时候，不会擦坏了书中的蜡。

在这蜡版上面，用什么方法写成文字呢？

那自然不是用墨水写的了。这是用一支钢制的尖笔，名叫 Stylet。这 Stylet 一头是尖的，另一头却是圆的。尖的一头在蜡上刻字，圆的一头是用了磨去写错的字。

这圆的一头就是我们所用的橡皮的老祖宗。

蜡版价钱很便宜。所以很多人用了记笔记、演算题、开账单，甚至于写信。

那时候，芦叶纸全是从埃及输入到罗马的，价值很贵，所以只能做写书用。

蜡版又有一个方便，就是可以用得很久。

罗马人往往在蜡版上写了信寄给朋友。那朋友接到了信后就把原信擦去，在原来的蜡版上写上复信再寄还他。这样，一块蜡版，擦去了写上，写上了又擦去，可以供无数次的用途。

"你要多用你的笔的圆的一头"，这是当时指示青年作家的常用的话。现在我们称赞别人的文章，总是说"文体很好"。

文体就是 style，和中国人说"笔法"一样，虽然像 Stylet 那样的笔现在是早已没有人用了。

不过蜡上面的字容易擦掉，这也有不便的地方。有的时候，一封重要的秘密信件，还没有送到目的地，中途就给递信的人擦掉了。因此发明了一个寄秘密信的方法：把信在蜡上写好了，上面再涂上一层蜡。这上面写上些"你好吗？"、"请来舍间便酌"之类的不相干的话。收信的人先把外面一层蜡揭去了，就发现里面一层的秘密信。

所以那时候的信，和我们的屋子一样，有的是一层楼，有的是两层楼。

拉丁字母的文字，刻在石头上面是工细而且挺直的。写在芦叶上面，就变成圆浑了。现在在蜡版上面写出来，就越加潦草得不成个样子。

只有精通古代文字的学者，才能认出写在蜡版上面的罗马字。我们不懂古代文字的，简直不会明白这一钩一捺究竟是写的什么。

假如不信，你可以试一试，在一块蜡版上，写几个字，你就会知道要写的工整是很难的，尤其是写的很快的时候。

一直要到了发明铅笔和廉价的纸张的时候，我们才能够不用蜡版。约莫有几个世纪，学生子都是在腰间系着一块蜡版的啊！

在路贝克（Lubeck）的圣约翰教堂的屋角里，曾经发现了古代学生所用的大批的蜡版；还有蜡版上写字用的笔、切羊皮的小刀，以及打手心用的戒尺。因为你应该知道，在那时候，学生子时常给毫不留情地打手心。从前人常说"我曾吃过手心"，这意思就是说"我曾进过学校念书"。

在几千年以前的一本拉丁文的书里，有这样一段先生和学生的对话：

学生："我们小孩子，请你先生教诲我们学好拉丁文，因为我们的拉丁文很不行，我们都是无知无识。"

先生："我教书的时候要打人，你们愿意不愿意？"

学生："宁可为了读书挨打，不愿意老是无知无识。"

谈话就是这样地继续下去。

你可以想象那时候学生子的光景：两脚交叉着，坐在地上。一块蜡版安放在膝盖上面，左手捧着版，右手写字，一面先生念，一面学生默写。

用这蜡版的，不但是学生子，僧侣们写教堂堂谕，诗人写作品，商人记账，宫廷贵人们写情书给美丽的太太小姐，或者写决斗请求书给情敌，也都是用这蜡版的。

普通人用的蜡版，是枫树做的，外面加上一个皮套子保护着。里面所涂的蜡是很脏的，有时还掺和着脂肪。另一些人却用着上等木料制成的蜡版，有的是十分讲究的，用象牙嵌镶着。

这几百万块的蜡版，现在哪里去了呢？

人们老早就把这些捞什子烧掉，或者掷在垃圾堆里了，和我们现在抛掷废旧纸头一样。可是现在如果发现一块二千年前罗马人写过字的蜡版，那要花多少钱才能买到啊！

罗马人用过的蜡版，留到现在的，已是很少了。大部分我们现在所保存的，是从滂贝（Pompeii）旧城银行家 Cécilius Jucundus 的屋子里找到的。滂贝城是在维苏佛火山爆发时，和邻近的另一个城市海尔古拉囊（Herculaneum）同时给火山所喷出的烟灰埋没了的。假如没有这一次的火山爆发，这些蜡版，就不会传到我们手中，你想奇也不奇？

我们现在所有的罗马人的芦叶手卷，只不过二十四卷，也是从海尔古拉囊城的灰烬堆中找寻出来的。世界最可怕的火山灾害，还不及几世纪的时间糟蹋的厉害。时间是不吝惜一切的，它擦去了人类活动的一切痕迹，正和笔的圆的一头，擦去了蜡版上的字迹一样。

第四章　皮的书

芦叶纸正到了它的全盛时代，便出现了它的一个劲敌，那就是羊皮纸了。

羊皮纸的原名，叫 parchemin。在很久以前，游牧部落的人们，也曾经在野兽皮上写过字，可是这些兽皮，并不像 parchemin 那样方便。这 parchemin 最初发明经过的情形是这样的：

在埃及亚历山大里亚的著名图书馆里，藏了有约近一百万卷的芦叶书。当时埃及伯多罗美（Ptolomée）朝的皇帝特意经营这图书馆。因此这亚历山大里亚图书馆，始终保有着世界第一大图书馆的位置。可是不久，另外有一家和它竞争的图书馆。这是小亚细亚贝尔格姆城（Pergame）的图书馆。于是当时的埃及皇帝想了种种报复的方法。他就下令禁止芦叶纸输出到小亚细亚。

　　贝尔格姆的国王，为了抵制起见，就命令国内最巧妙的工匠，用羊皮制造一种可以写字的东西，以替代芦叶纸。从那时候起贝尔格姆就成为制造羊皮纸的中心了。而 parchemin 这个名儿也是从这个城名转变来的。

　　羊皮纸比较芦叶纸有许多优点。羊皮纸容易切开来，而且可以随意折叠，不怕碎裂和折皱。

　　起初人们还不懂得这些好处。虽然用羊皮纸，也和芦叶纸一样地卷起来。后来明白羊皮纸可以折，可以裁，可以用线订成一本书册子。这样，把许多页装订成册子的真正的书，才第一次出世了。

　　制羊皮纸的方法，是用新剥下来的羊皮或犊皮，先浸在水里，浸软了，将外面的一层薄皮剥下来，再浸在灰汁里。随后用刀刮去上面的毛，再用铅和轻石把整张皮子琢得光光的。

　　这样就变成了一张薄皮，颜色微黄，两面清洁而光滑。

　　羊皮纸越是薄，越是值钱。挺薄的羊皮纸，可以卷成一大卷，盛在一个核桃壳里。罗马著名的演说家薛赛罗据说看见过一卷极细小的皮纸卷，里面抄着《伊里雅德》中间的二十四首歌。

　　羊皮的四边是不整齐的。所以要把不整齐的切去，成为一大张长方的羊皮纸，这羊皮纸对中折成两页，当中穿上线，这样便可以订成册子。每一本书册子，大概有四大页，即八个单页。后来又把羊皮纸折作四开，八开，十六开。这就成为后来各式大小的书本子的开法。

羊皮纸上两面都可以写字，芦叶纸却只能写一面。这是羊皮纸的一大便利。

羊皮纸虽然有这么多好处，可是这要经过很久的时间，羊皮纸才最后战胜了芦叶纸哩。在最初，著作家用羊皮纸写稿本。书稿到了书铺里再用芦叶纸重抄了，才能卖出去。

因此，一本书从作者手里，到了读者手里，中间要从蜡版抄上了羊皮纸，再从羊皮纸抄上了芦叶纸。

可是到后来，埃及的工场，供给芦叶纸的数量逐渐少了。到了埃及被阿拉伯人征服的时候，芦叶纸对欧洲的输出完全断绝。这样羊皮纸才得到了最后的胜利了！

不过这不算是光荣的胜利。因为当时罗马帝国，给北方和东方的半开化部落侵入，已经灭亡了有几百年。连年不断的战争，把那些富庶的城市都变了贫苦。受过教育的人，甚至懂得读书写字的人，一年少一年。等到羊皮纸成了写文字的唯一材料的时候，几乎已经没有人会抄写文字了！

从前专给罗马著作家誊录书籍的那些铺子，老早都关闭了。现在只有在深山丛林中间那些修道院里，才有几个修士，为了"超度灵魂"起见，还在埋头抄写着经典。

修士关在一间小屋子里，在一把有大靠背的椅上坐着，虚心诚意地抄写《圣萨巴斯丁传》。他并不匆忙。所以总是一笔一划十分工细地描写着。他用的笔，大部分是一根鸟毛，把一头削尖了。鹅毛或鸦毛当做笔，在那时候是很流行的。

墨水也和埃及人罗马人所用的不同。为了在羊皮上写字，当时发明了另外一种墨水，比较得更耐久，可以渗入皮里面，没法子擦掉。这是用五倍子汁，加上硫化铁、树脂或阿拉伯树

抄写《圣萨巴斯丁传》的修士

胶调成的。这方法现在还是用着。

因此欧洲人常称五倍子，叫"墨汁果"，甚至有人以为墨汁果是从墨汁树上生长出来的，可是墨汁树是和"牛乳河"或者"糖酱池"一样，是世间罕有的东西啊。

其实五倍子并不是果实，乃是橡树的树叶上、树皮上、树根上所生的一种寄生植物，约像钮扣的大小。

先用五倍子汁混和在硫化铁（这是铁在硫酸中溶解后所成的美丽的结晶体）中间，这样就成了一种黑色的液体。随后加上树胶，就成为浓厚的墨汁了。

下面是制墨水的方子，是从刚发明纸的时候一本俄国的旧抄本上记下来的：

"把五倍子浸在莱茵酒里，随后用太阳晒，或者用炉火焙着。最后把那黄色的液汁，用一块手巾滤过，把五倍子核挤碎，把这汁水倒入瓶中，外加硫化铁和少许面粉。再用羹匙不断地搅着。再放在温暖的地方，过了几天，就成上等的墨水了。

"浸在酒里的时候，五倍子的数量越多越好。硫化铁要一点点加上去，加到适度为止。如果写起来，颜色还不够黑，加上一些树脂粉末，颜色就更深了。随后写起来可以完全如你的意。"

这种墨水，和我们现在所用的有一个不同点。在开始写的时候，是带淡灰色，要过一些时，才变成黑色。我们现在用的墨水，却是加上了颜料，写出来的时候，和到后来看的时候，是一个样子，所以比较要好些。

虽然谈到了墨水，可是我们仍旧没有忘记我们那一位修士。修士开始抄写的时候，先在羊皮纸上，细心地划好横格子。划格子是用一根铅棒，外面加上皮套子，这就是我们所用的铅笔的老祖宗。至今德国人还叫着铅棒（Bleistift），不叫铅笔哩。

修士先在羊皮纸的上端，划上一条粗边。随后划着许多细的横线，行格才能写得整齐。铅线的颜色很淡，这只要隐约可辨就够了。

随后修士开始写字。要是他会画图，那么每节第一行开头第一个字母，必须写的特别大，而且画上一些图画。比方是一个大写的 S，他就画成两只鸡相斗。要是 H，他就画上两个武士比武。有一些抄写员，能够描成各式各样的图画，装点每一章的第一个字母。有的画成从来没有人见过的奇形怪状的妖精，如人头的狮子，鱼尾巴的鸟，以及各种怪兽之类。

这个做装饰用的字母，不一定用黑色，有时用绿、红、蓝等各色。但是大部分是用红色。因此到了现在，俄国人称每节的第一行，叫做"红行"；虽然现在用的书，已没有印红色字母的了。

还有一点和现在不同。我们现在写第一行，总是在头上空出一些地方。可是中古时代的誊录手，恰巧相反。开始第一行一定写在格子外面，因此第一行比旁的各行，一定是特别长些。

遇到修士自己不会画图的时候，他就空出第一个字母，让别人后来补上去。这第一个字母画成了或者留下空白了，修士就接着一笔一划地写。

他毫不性急，宁愿慢慢地写，不会写错了字。那时所有的书，都是用拉丁文写的，很少人懂得这文字。不懂得意义的文字，只好依样画葫芦，这样错误自然是很难免的。实际上，中古时代的抄本，抄错的字很多很多。

誊录手一写了错字，就用一柄小刀把错字刮去。这小刀和现在外科用的解剖刀一样，有短的，有长的，有阔的，也有树叶模样的。

每页上面字写的很紧。因为羊皮纸价钱很贵，所以要节省才好。

要写成一大册书，必须有一群牛羊的皮才够用。因此，有的武士，在大路上抢得了金银，有的商人，到远处冒险旅行，赚了钱平安回来，有的贵族，为了要虔奉圣萨巴斯丁——修道院的修士们——他们有时都买了羊皮纸，捐给修道院。可是这样的事到底是很少的……

为了节省篇幅起见，抄书的人往往把许多字缩短了。比方"Jerusalem"就写做 Jm，"Dominus"就写做 Dm。

这样地几个星期几个月地写着。抄写一本五百页的书，至少要费上一年才能完成。

那修士因为一年到头埋着头在案上写字，所以背也弯了，眼也花了。可是他一点也不懈怠。因为当他抄写的时候，圣萨巴斯丁从天上瞧着。他用了鹅毛笔写上了多少字、多少行、多少格，圣萨巴斯丁都在计算着。多写一个字，就是多解脱了一重罪孽。可怜的修士恩陀奇纳斯（Undoginus），他犯了太多的罪孽了！要是他再不虔诚修行，他将来会入地狱，下油锅哩！

一个钟头一个钟头的过去。他很想休息一会儿了。但是这个使不得。这是一种坏主意，有魔鬼在耳旁诱惑着。因为我们人是四面被魔鬼包围着的。

不久以前，有一个修士向人说，另一个修士告诉他，说他亲眼见着许多魔鬼生着鼠嘴和长的尾巴。这些魔鬼想出种种方法，来破坏那虔诚的工作，譬如叫抄书的人的手颤抖起来，或者打翻了墨水瓶，使那本书的当中，染上一大块墨迹。

到最后总算把书抄完了。恩陀奇纳斯修士从头翻着一遍，每页上面蓝的红的字，都在放着光。这像是长满了花草的园地。他是满怀的高兴。

这是何等艰难困苦的工作啊！

每天清早，东方微白，他就从硬草褥上披衣起来，燃着蜡烛，开始工作。寒风从门窗隙缝中吹进去。窗子外面的坟场里，还隐约听得出鬼哭声。就在这时候，他的鹅毛笔就在羊皮纸上，不断地划着。这样要多少日子，才能完成这一本书啊！

将来会有一天，魔鬼和圣彼得算着修士的灵魂的一注账，他写了几个整夜、多少字、多少行，都要算到他的账上去哩。

因此到了最后，恩陀奇纳斯又拿起笔来，蘸了墨水，写道：

"光荣的殉道者，你记得犯罪的修士恩陀奇纳斯吗？他在这本书上记述你的伟大的灵迹。请助我入天国，助我赎除我所应得的惩罚。"

到了后来，有了一些职业的抄手了。这些职业的抄手，虽然仍是属于教会的，而且抄书这件事，也照旧被看做是一种修行，可是抄完书以后，却要求那世俗的报酬，就是工钱。

当时的习惯，每本书抄写完了，抄写的人，一定要在书后面写上几句关于他自己的话。

例如一本旧的祈祷书，就是这样结束的：

"基督出世后一七四五年，圣汤姆士节后第十二日，这本祈祷书，由朱利希城公民约翰·海伯·特·里乞丹斯坦亲手缮写完毕。抄写这本书是奉了富斯奈楚教派的祈祷者，我的兄弟马尔丁的师傅之命，为了赎他的父母家属以及一切公民的灵魂。这本书的抄费是五十二块金洋。请为抄手一并祈祷上帝！"

有的书后面，抄写人加上这样的字句：

"这里是整本书的尾巴，

把抄费给了抄书的人吧！"

或者是：

"整本书完结

快拿酒来喝！"

羊皮做的书看上去是怎样的呢？

照例是又大又厚又重的一册。装订很坚牢，封面是两块布做成的板，里外包上一层皮。四角镶上铜或别的金属，这样角头不会碰坏，而且样子也好看。另外再加上了一副铜制的锁，锁住了，里面的羊皮书页就不会移动。这样的一册书，看上去实在有些像保险箱的模样。

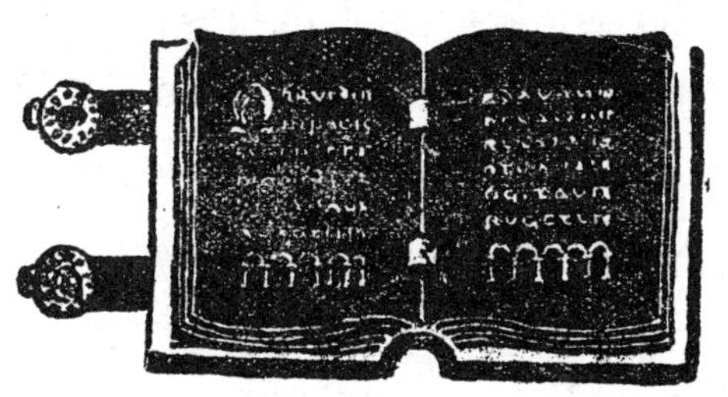

有的书装订得非常讲究，封面是摩洛哥皮或者鹿皮，用金银镶着角，还嵌上一些宝石。有些国王或王子御用的书，不单是装订非常华丽，而且每页的边上，都镀了金银。

有些至今保存着的书，每页都染成红色，字是金色或银色的。年代久了，红的变成紫灰色，银色转成黑色了。但是在当初，这些书翻开来一定是金碧辉煌，和太阳落下时的天空一样美丽。

一本讲究的书，写的很工整，订的很精致的，一定不是出于一人之手，而是六七个名手合力做成的！其中一个硝皮，一个用轻石磨光皮面，一个抄写正文，一个专画第一个字母的花纹，一个修饰，一个校对，最后一个才装订成册。

但是有的时候，一个修士，能够单独用皮来写成书，而且装璜成册，不要第二个人帮忙。

现在，我们每人都可以有几十本书了。可是在从前时候，书是很少而且很贵的。因此，在图书馆里都用了铁链，把书锁在桌子上面，以免给人偷走。在一七七〇年，就是说一百六十余年前，巴黎大学医科的图书馆里，还有着这样的书哩。

在那时候，不称做"读书"，而称做"读功课"或"听功课"。

因为书很贵，学生子没有钱，所以只好由教师一边读，一边讲解，学生便在旁边听。

第五章　胜利的纸

和芦叶纸让位给羊皮纸一样，羊皮纸到最后便让位给我们都知道的一种东西——纸。

大约两千年以前，在欧洲，希腊人、罗马人还在埃及的芦叶纸上写字，中国人却已懂得制造纸了。

制造纸的方法，是用竹或一种草，和破布头，放在臼内，和水捣成浆，就用这浆做成纸头。

制纸的架子中间，是一面竹做或丝做的筛，把纸浆倒在筛上，用手簸动着。这样，水从筛的中间滤去了，留下一层稀薄平滑的浆，等到干了，轻轻揭起来，黏在木板上，在太阳下面晒干，这样就成了纸。

这些纸叠起来，再用木头压平，就可以发卖了。

这种手工制造纸的方法，至今中国还有许多地方用着。

中国人是何等有忍耐力和创造天才的民族啊！

　　每次我在街上看见贩卖扇子、灯笼这一类东西的中国人，我就想起，这个国家发明瓷器、印刷、火药、造纸，都在欧洲的国家之先哩。

　　可是造纸的方法，从亚洲传到欧洲，这中间又要经过许多年。情形是这样的。

　　公历七〇四年，阿拉伯人征服了中亚细亚的萨马干特（Samarcande）城。除得了许多战利品之外，阿拉伯人又得到了造纸的秘密。于是阿拉伯人所征服的许多地方，如西西里岛、西班牙、叙利亚，一时都开起造纸厂来了。在叙利亚的 Manbibche 城——欧洲人称为 Bambitse——也开设了一家造纸厂。因此，阿拉伯人除了把火药、丁香、香水这些东方的出品，运到欧洲以外，又把 Bambitse 城出产的纸运到了欧洲。俄文至今称纸为 boumaga，就是 Bambitse 这地名变成的。

此后又得经过几百年，欧洲人方才自己造纸。当时欧洲的造纸厂，就叫做"纸磨坊"。十三世纪的时候，在德国、法国、意大利，已经都有了"纸磨坊"。

德国的商人把意大利制造的纸，运到了俄国的诺夫戈拉特（Novgorod）城。过了不久俄国也开了一家造纸磨坊，是在离莫斯科三十俄里的喀尼诺（Kanino）村里。

因此，纸头从中国到了萨马干特，从萨马干特到了叙利亚、意大利和德国，从意大利和德国又到了俄国，这样差不多周游了世界。

在这周游的路上，造纸的质料变换了一些。在欧洲不久就用旧麻布头造纸了。

起初，人们不肯承认纸头的功用。只有不打算保全长久的东西，才写在纸上。写书却还是用那羊皮纸。可是羊皮价贵，究竟敌不过便宜的纸头。而且后来，造纸的方法进步，纸质越精越耐久了。于是就有人试着用纸来写书。还怕不经久，在两页纸中间，夹上一张羊皮。

可是再过一世纪之后，羊皮纸就变成古董了！

时间一过，生活就变样子了啊！

工商业一天天繁盛，一天天发达。从一个城市到另一个城市，载着商品的船只，来往如织。许多外国的商品，经过河川和海洋运来。因为有很多的商人、市场、交易所、货栈、商船也就要用各种各样的文件，如账册、汇票、往来信、发票等等。这些都必须用纸头。而且人们更必须能读能写才行。

因此受教育的不仅是修士们了。在那时候，到处开办大学和小学。年轻人都进了学校，去求知识。在巴黎，塞纳河左岸，学生住的地方，占了一个区，至今还称着拉丁区（Quartier Latin）。

所有这一些快活的，惯会吵闹的，有知识欲的青年，都需要书本和笔记册。

但是一个穷学生哪来的钱来买羊皮纸呢？这是便宜的纸，才救了我们这些青年朋友！

从此抄写这门行业，不专属于修士们了。不修边幅惯会打架的学生们，也干这勾当了。学生子抄书自然不会怎样的美丽工整，有的他们在第一个字母上，画一个鬼脸，或者一个大肚皮的动物，影射他的教师。学生子对于书本都不大宝贵，时常在教科书的边旁空白处，画上许多滑稽的脸相，再加上些不堪的语句：什么"吹牛皮"啊，"白痴"啊，"傻瓜"啊，"你说谎"啊等等。

请看那时候的大学生吧！他住在屋顶的一个矮房子里，正埋头抄讲义。面前放着一个像牛角那样的墨水瓶，是插在桌面的一个洞里的。桌上点着一盏青油灯。他的腰间挂着一支鹅毛笔和一根铜尺。虽然差不多是冬天，可是房里并没有火。

昨夜里，我们那位大学生，想从停泊岸边的货船上去偷几块柴来生火。可是给管货船的人发觉了，重重教训了一顿。

现在屋子里所有的只是一瓮清水，一片干面包。此外什么都没有。

那时候的学生，比消瘦褴褛的修士还清苦些。他的头是剃得光光的。这是表示他已从中学校里毕了业。但除了光头以外，没有一件像那修士。他的脸上老是几条擦伤或者打伤的紫痕，这是证明了他曾在小酒馆里和一个皮鞋匠打架。

在那时候，大学生的生活并不见得快活。起头他是进修道院附设的中学校，吃了无数次手心，戒尺，教杖把他遍身都打

过了。出了中学校，当巡游小学教师，在各村落，各庄屋到处巡游。有的时候人们给他一些钱，但总是饿肚子的时候多。晚上就在路旁的泥沟里过宿，不然，就是偷了乡下庄家睡着的鸡当一顿晚餐。后来，在礼拜堂里住过六个月，所管的是敲钟，把人们招集拢来做礼拜。最后才到了一个大城市里，进大学念书。他那些同乡同学都欢迎他加入伙伴，并且给他起了一个绰号，叫"大教皇"。"大教皇"挺会争吵，喝醉酒闹事是常有的，哪一家小酒馆不知道"大教皇"的名儿呢？喝起酒来，他在文科学生中间总是数着第一。糟糕的是他身边从来没有一个子。有的时候，找到一些工作，给他的邻居的公民抄写一本弥撒书或者一卷赞美诗。

这一些思想，在青年大学生脑中盘旋着。他的手写着字渐渐地慢起来了。他的头倒在桌上。一种有规则的鼾声，代替了笔触着纸面的沙沙的声音。

青油灯照旧燃着，发出青烟，染黑了小房间的墙壁。大胆的耗子在屋角里跑来跑去，吱吱地叫着。原来留给明天当晚餐的一块硬面包，正在给耗子当点心了。

可是大学生却不曾听得。他睡得正浓。在睡梦中，他看见他自己已经戴上了一顶圆圆的学士帽。这学士帽，到了明年，他是稳可以到手的。

在这时候，德国的梅咸斯城（Mayence）有名叫古登堡（Johann Gensfleich de Gutenberg）的，已经开始试验用印刷机印刷世间第一部印刷的书。

在这第一部印刷的书里，没有大楷字母。后来一个抄书的誊录手，才发明了加上大楷字母。此外的文字却全是用机器印刷的。从那些字体和排列的样子，这印刷的书和当时的手抄本很相像，可是仔细一看，就分辨出来。原来印刷的书，字母一个个都挺直，而且排列得有规则，和一排上操的兵士一样。

再过一世纪以后，世界上连一个誊录手都找不见了。

古登堡发明的印刷机

现在书籍不必再用穷苦的学生或虔诚的修士来抄写，那铜的巨人——印刷机——一天就能印出几千几万本来。

印刷的发明增加了纸的需要量。从印刷所里印出来送到书铺子里出卖的书，一年比一年多；到最后，造纸的原料——破布头——都不够供给了。事势逼成，不得不想法用别的原料造纸。

经过了许多次的试验，终于发现了木头也可以造纸。

现在，只有顶上等的纸，是破布头造的。此外我们写字的纸、印报的纸、包东西的纸，全是用木头造的。

表面看起来，纸头和破布及木头，完全不像是一个样子。但是仔细想一下，才明白有十分相像的地方。

把一根火柴折断，或者从一块破布中间，抽出一条线，你就看见里面都有极细的纤维，纸就是用这些纤维制造的。

要是不信，从整页的纸上抽下一小片来，在光下看着破碎的一边就明白了。

制造纸的方法，最初是把破布头和木头分别捣碎，成了极细的纤维。随后把纤维中间所含的各种脂肪、油质、灰沙完全拣去，再把这些纤维揉成薄而匀的一层，这样就变成纸了！

这是说造纸的原则。实际上纸又是怎样造成的呢？

这历史很长，得从头说起：

比方一件衬衣，穿的年代太久了，变成碎片，和别的破烂布头，一起丢在垃圾堆里。有人把这些破布头拾起来，依质料分成几类：棉布是一类，印度布是一类，别的质料又是一类。最后都打成包，送到工厂里去。

到了工厂里，这些破布头先得在锅子里蒸过，把中间所含的细菌杀死了。因为这些破布头是从各处搬来的：从发臭的地窖子里、医院里、垃圾堆里。

随后把这些破布烘干了，把中间的灰沙尘埃一齐拣出。在工厂里，做这工作，有一种特别的机器，一天可以洗干净几千几万块破布头。这些破布头假如用人工来拂拭，怕要满天都是尘沙哩。

于是放在切碎破布头的机器里，一下子破布头都变成碎片了。

现在只消经过漂洗就得了。先用一架机器，把破布放在灰汁和碱水里煮过，再加漂白了，随后在另一种机器里，做成纸浆。

这样，第一部分的工作完了，破布已变成了薄的纤维质的浆。

但是用这浆做成纸，这工作却更困难哩！

做这工作，是用一个极大的机器，——实际上是许多小机器拼合而成的。把纸浆倒在这大机器的一头，做成的纸头，就在别一头出来了。

原来是这样的：起头是一架筛纸浆的机器，把纸浆里面的沙石都筛去了。

随后纸浆就流到了一个网上面，这网也是一种筛，不过是用机器不住转动着。经过这网，纸浆内的碴结的硬块都留下了，单剩稀薄匀称的浆，从洞子里流到另一个架子。这个架子和中国人做纸用的架子一样，不过这架子的两边是两个轴连结起来。不住转动着，把纸浆摊匀，同时向前推进。

于是这没有干的纸，就从架子上移到一片平坦的布匹上面。这布匹上有许多圆的滚筒，在滚着。有的滚筒的作用，是挤去布上面的水分，有的滚筒是用蒸汽烘干纸浆，这样就完全变成干燥的纸了。

最后这些纸通过末了一个滚筒，这滚筒有一面刀，依一定的尺寸，把纸切开来。

自然，我讲这些细碎的造纸方法，你一定会觉得头痛，可是你要是亲眼看到过造纸的机器，你就会觉得津津有味了。

试想一座机器占满了整个的大屋子。在这里不见一个工人。可是机器很快地自己工作着，从不会停顿。

有的机器一天可以造成十万公斤重的纸头。

造纸机器里面的架子，每天移动的距离，有从武汉到上海那么远哩！

木头做纸，也是用同样的方式。只是前半的工作不同。因为木头和破布头质料不同，要把木头捣成纤维，淘汰去里面的杂质，自然得用另一种机器。

我们得再从头来说起。

一棵松树长在林子里。到了一个晴朗的冬天，人们把它锯下了，砍去了绿的树枝，尖的树梢，就把它拖到附近的小溪上面。

春天，河水解冻了，这棵树就从小溪浮到大河，和别的地方砍来的树木，一起结成木筏，筏上面载了驶筏的人，一起驶到了下游。

到了下游，造纸厂的高烟囱可以望得见了，树木就在那里登了岸。

现在，我们的可怜的松树的不幸的日子开始了：

起头人们剥去了树皮，劈成小片，随后送上分解机和漂炼机。

木头不像破布头那样放在碱水里煮，却是用一种酸液漂炼。漂炼后就化成纤维，再把凝结的块拣去了，变成了稀薄匀称的纸浆，倒在大的造纸的架子里。

这样，从一架机器转到另一架机器。一棵松树终于造成了洁白的纸！

我们的纸头，什么都好，就只一个缺点，就是不能太耐久，这是因为经过了漂白的缘故。原来漂白粉的腐蚀性是很强的，而纸头都是在漂白粉的溶液里漂洗过，因此就很难保藏得很久。

几千年以后的人们，是否还能看到我们现在所用的书，真是一个疑问哩！

也许中古时代羊皮纸的手抄本，比之于现在用最完备的机器印成的书，要保存得更久些。

现在我们所用的纸，和印刷第一本书所用的纸，已经大不同了。可是现在我们用的笔比那时候的笔更要差的多。

欧洲文字里面的 pen（英文）或 plume（法文）这个字，都

鹅毛笔

是从羽毛这个字产生的，可见鸟毛笔、鹅毛笔是使用过一个很长时间的。

不过，数年以前，我们庆祝过发明钢笔的百年纪念。一八二六年，梅松（Masson）发明了制造钢笔的机器。从此以后到处都用钢笔头，而用了千余年的鹅毛笔，就被淘汰了。

但是回想起我们的祖父的时候，用鹅毛笔写字，是多么麻烦啊。在当时，衙门里，专有一些官吏，从早做到晚，专给上司制鹅毛笔。这是一种吃力的工作，要有经验才能干。先把鹅毛管切成一定的角度，随后修光，再从当中劈为两片。这比削铅笔要难的多。

在钢笔没有发明以前，已有人发卖一种小鹅毛笔头，可以插在笔杆里，所以笔杆是老早就有的，并且不是等到发明钢笔头以后才发明。

使用铅笔却比使用钢笔更早百余年。发明铅笔，是一个名叫孔台（Jaques Conté）的法国人。他用石墨、粉、陶土做成铅，另用一条长的圆木头，当中劈开，在中间挖成槽，把铅放在槽中间，拼合起来再切成六段，磨光，加上油漆，装入木箱，就成为市上发售的铅笔了。

铅笔和钢笔大概不会像鹅毛笔和蜡版上写字的笔那样用的

久。因为现在打字机已开始在和钢笔争地盘了。

这大概是没有疑问的，不久以后，我们的小学生的衣袋里，都会藏着一架小的打字机哩。

第六章　书的命运

拉丁的古谚说："连一本书都是有命运的。"一本书的命运有时候却比人的命运更奇怪哩！

希腊诗人阿尔克曼的集子，就是一个例子。那是写在芦叶手卷上面的，它能够保存到现在，说起来是一件非常古怪的事。看来这书老早就被埋葬在地下了，和葬人一样地葬法。

原来古代埃及人有一个风俗，人死后做成木乃伊。把这人生前所有的书籍文件，都和木乃伊葬在一处。因此几千年前写下的书籍信件，往往在木乃伊的胸头保存着，一直到如今。

古代埃及的坟墓里所保存的古书，要比无论哪家图书馆所保存下来的要更多些！

埃及最大的图书馆，就是亚历山大里亚的图书馆，当罗马该撒大帝的军队占领亚历山

大里亚城的时候，就被烧掉了。这几百万卷的芦叶书中间，有着无数的秘本珍籍，可是都烧掉了。现在留给我们的，只有亚历山大里亚图书馆的一些散佚不全的书目。

所有这些在当时使人哭、使人笑的书本子，到现在只留下一个书名儿，也像许多被忘却的死人一样，现在只留下墓碑上所题的姓名。

还有更古怪的事，有些书，因为有人要消灭它，却反而保存下来了。

这并不是要消灭书本子，而是要消灭书中的文字。原来中古时代，羊皮纸很贵，因此有人把那些异教的希腊诗集或罗马历史等书的原有的文字，用刀刮去了，再写上圣灵的传记之类。在当时，就有些专家，专干刮书和损毁旧书这一些勾当。

这些经过刽子手杀害了的书，要是到了我们的时代，没有发明从新显出原文的法子，那就永不会留传了。

原来墨水写在羊皮纸上面，留着很深的痕迹。不论刮书的人刮的怎样厉害，还是保留着形迹。只消把这些稿本浸在某种化学药品里，面上就会显出蓝的红的影子。可是别太高兴了。在药水中间浸过以后，这些蓝的红的字迹，马上就会变成黑色，到最后便模糊得无法阅读了。

尤其是用五倍子酸浸过的书，马上就会变成黑色，再也看不出字来。现在每家大图书馆里，差不多都有几册死过两次的手抄本哩！

有关于某学者的故事。那位学者，因为翻译古书翻错了，恐怕受人指摘，特意把那从新显出来的古书涂坏了。

过了不久，又有人发明另一种非酸性的液体，可以把磨灭的古代文字重新显出，在短时间内不会消失。当看得见文字的时候，就用照相机拍了照。

到了最近的发明，已经可以不用药水洗，而用一种特殊的照相镜头拍照了。

假如书有一些仇敌，当然，也有一些朋友。这些爱古书的朋友，专在埃及古代坟墓中海尔古拉囊和滂贝的灰堆中，以及修道院的库房里，找寻一些上了年代的旧书。

交叉写着两种文字的手抄本

有一个故事，说到一位爱书的朋友梅斐（Scipio Maffei）和他发现韦伦纳（Vérone）图书馆藏书的经过。

在梅斐以前，许多游客的笔记里都写着韦伦纳图书馆藏着很多珍贵的拉丁文手抄本。后来有两位著名的学者，马比仑（Mabillon）和蒙福公（Montfaucon）想了种种方法搜寻，都没有寻到。

可是梅斐却不因此而失望。他原不是一个版本学家，只是一个懂得旧书的人。他努力去找寻。最后却在别人都找过而找不到的那地方——就在韦伦纳图书馆——找到了那些秘籍。

原来这些秘籍并不在书橱里面，而在书橱顶上。从前许多人没有想到书橱顶上去找寻。梅斐用梯子爬上去，无意中却发现了许多年乱堆着的满是灰尘的书。

他是多么高兴啊！在他前面就是一堆世界上最古的拉丁文抄本！

关于书的命运，要是再说下去，还有许多事，可以说的：比方亚历山大里亚图书馆里烧掉的那些书、修士院里失掉的藏书、宗教裁判所下令焚毁的书和战争中毁掉的书。

书的运命，往往跟着人的运命、民族的运命、国家的运命而转变。书这东西不但是记录过去的历史，指示各科的知识，

　　书的本身也参加战争与革命。有时一本书可以推翻一个国王。在战争的时候，无论战胜的战败的双方都有书参加斗争。而且一本书是属于哪一党哪一派，往往一眼就看得出来。

　　我在研究院图书馆里，看见几本法文书。是一七八九年大革命前出版的。其中有一本，篇幅很厚很大，装订插图都非常讲究。原来这是保王党用的书，所以场面阔的很。其他几本却都是很渺小，可以藏在口袋里，藏在手心里。这些却是革命党用的书。样式小，才能偷运到前线，在起义时四处分散。

　　所以书的开本大小，也不是偶然的！因为书的生活断不能

和人的生活分离。一本书的大小，一定是要和人相配合的。

我记起一个故事了，是讲人和书的同时给焚烧了的。

这是十六世纪在法国发生的事。一五四六年里昂市的排字工人罢工。这大概是世界上第一次的排字工人罢工吧！这次罢工支持到两年之久。其中有一个印刷所老板，名叫陀莱（Etienne Dolet）的，背叛了他的同行的老板，帮了工人许多的忙。

后来工潮结束了，可是那些老板们没有忘记这一回事。

五年以后，就有人向巴黎大学神学院提起了诉讼。里昂市的印刷业业主联名控告陀莱，罪名是印刷反宗教的书籍。

这案子很快就判决了。陀莱被判处死刑。他和他所印刷的书，一起在巴黎摩贝尔广场，被架着柴火焚烧掉了。

这最后一章写完了。我很抱歉，像"书"那样出色的东西，我却只写了这么一点点。

译者后记

一九三六年初夏，在印度洋船上颇为纳闷，就把伊林的《书的故事》，从 Ilo Venly 的法文译本，译成汉文。打算带回给小侄女序同，当做一件恩物。到了上海以后，才知道这一本小书，在国内已有了两种译本。我这一个译稿，自然更没有出版的必要了。

后来，偶然的机会，看到董纯才先生的译本，和我的译本，竟有许多不同的地方。这才又把张允和先生的另一译本买来比较。原来董张两先生都是根据英译本重译的，和我所根据的法译本，内容颇有出入。其中最重要的是英译本不见了那原书最后一章最末几段文字，另外却又在上篇第三章后面，加上了一个故事，是嘲笑黑人的愚蠢的。当初我就怀疑法文本翻译不忠实，就请张仲实先生用俄文原本核对。才知道法文译本是比较忠实的。英译本却把原作增删了许多地方。

这一些书本来是给孩子读的，我不明白英译本的译者，为什么不加声明，添上了一段牛头不对马嘴的故事，故意要替英美的儿童，造成一种蔑视有色人种的成见。而且英译本故意截去原书的尾巴，也不明白到底是为了什么。

因此，为求忠实介绍苏联的青年读物起见，我就决定把这个译本重行印刷出版。并且请张仲实先生依照俄文本，加以校订，除了俄文本中对于中国文字了解的一些错误，加以删改外，自信和伊林的原作，已没有多少出入。

伊林说得不错："一本书都不是偶然的，因为书的生活断不能和人的生活分离。"从翻译上看来，也是如此。

译　者

1936 年 11 月 7 日于上海